寺本康之の
論作文バイブル

寺本康之 著

エクシア出版

はじめに

　こんにちは。寺本康之です。今回は『論作文バイブル』を書く機会をいただきました。本書は『小論文バイブル』の姉妹版という位置づけになります。実は、以前から受験生の方より市役所や公安系（警察や消防）の試験に対応できる論作文の書籍が欲しい、という声をいただいておりました。確かに『小論文バイブル』は、国家公務員や東京都、特別区、地方上級などの試験を念頭に作っていたため、市役所や公安系の試験を受験する方にとってはオーバーワークであると感じます。また、市役所や公安系ならではの出題に『小論文バイブル』で対応するのは難しいと判断しました。そこで、今回思い切って市役所、公安系を目指す受験生に特化した『論作文バイブル』を作ることにしました。

　本書では、ハイレベルな記述をなるべく避け、当たり前のことを当たり前に書く姿勢を大切にしました。読んでいただければわかると思いますが、「どれもありきたりで似ている答案ばかりだなぁ〜」と感じるはずです。これはあえてこのようにしています。というのも、私が見てきた多くの合格者の答案が、このような知識・経験の使いまわしで作られていたからです。論作文には高度な知識は必要ありません。まずはそのことを学んでいただき、本書をよいたたき台にして今後の論作文対策としてください。

　最後に、今回も本書を書くにあたって適切な指導をしてくださった堀越さん、丁寧な調べや校正をしてくださった髙橋さんをはじめ、エクシア出版の素敵なスタッフの皆様に感謝申し上げます。

寺本康之

3

目 次

プロローグ　論作文を知る

第1章　合格答案例、まずは読んでみよう！

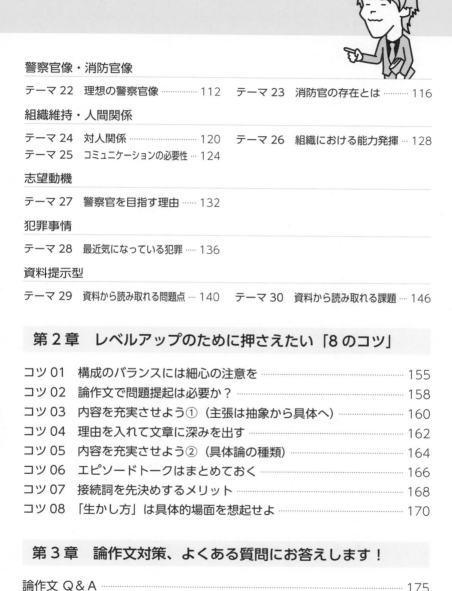

第 2 章　レベルアップのために押さえたい「8 のコツ」

第 3 章　論作文対策、よくある質問にお答えします！

プロローグ

論作文を知る

01

人物を判断するのが
論作文試験

〚 論作文試験をなぜ行うのか 〛

　論作文試験は、どの試験でも課されます。学力を見るだけであれば、マークシート式の筆記試験だけを課しておけば足りますが、それに加えて論作文試験を課すということは、それなりの意図があるはずです。その意図は一体何なのでしょうか？ それは**文章を通じて**「**人物を見たい**」ということにつきます。ただし、ここで注意してもらいたいのは、その際に文章を書く力も併せて見られているということです。むしろ、そちらの方が合否を分けると言ってもいいでしょう。公務員は、行政職であろうが公安職であろうが文書を作成する機会が少なからずあるため、しっかりとした文書作成の基礎力を論作文試験で見なければいけません。単にマークシート式で〇か×かを判断する能力だけあっても文章が書けないとダメなのです。そうすると、確かにこの点は面接試験と共通するかもしれません。しかし、面接試験は口述形式なので、人となりが表面的に伝わる部分も多く、そういった意味では論作文試験よりも「忖度」や「好意の解釈（善意解釈）」の余地があります。「あまりしゃべれてはいないけど、真面目な子だ」「不器用そうだけど、一生懸命働いてくれそうだ」といっ

た具合に、発する言葉以上に見えてくる部分（雰囲気）をも評価の対象となります。ただ、この辺りは面接官の性格や主観に依存する部分も多く、ブラックボックスな側面が強く出ると言ってもいいでしょう。これが面接試験です。

　一方、論作文試験はそうではありません。採点官の目の前には、皆さんが書いた答案用紙だけがポンと置かれており、その**答案用紙に書かれた内容だけを頼りに皆さんの人物を見定めていく**わけです。当然そこには忖度も好意の解釈もあり得ません。書けていなければ「はい、ダメ」でおしまいです。

〚 論作文試験を突破するための２つの視点 〛

　そうであるからこそ、論作文試験には筆記試験や面接試験とは異なった対策が必要となります。では、論作文を攻略するためには何をすればいいのでしょうか？　何となく察しがつくと思うかもしれませんが、**「形式」と「内容」の２つを徹底的に鍛え上げていけばそれでいい**のです。「形式」とは、構成のことです。「内容」とは、そのまま書く中身ですね。この２つは車の両輪みたいな関係になっていて、**どちらが欠けてもよい論作文にはなりません**。ただ、この２つのうち**公務員試験において重要なのは「構成」の方**だと考えます。ですから、まずはこの構成の仕方をマスターすることが大切で、その後に内容の充実を目指していくのがいいと思います。どんなに良質な具材を使っても、肝心のレシピがしっかりしていないと料理は失敗します。それと同じように、いかに内容がよくても、それがまとまりのないものだったり、順番が論理的でなかったりすると文章は非常に読みにくくなります。そこで、次項では、まず構成について学んでいくことにしましょう。

構成は伝わりやすく
シンプルなものを選ぶ

　私は以前、某予備校で大学受験の小論文対策を担当していたこと
があります。その際、たくさんの構成を示して問いにあわせて使い
分けることを推奨していました。しかし、それはあくまでも大学受
験の小論文の話。公務員試験では、使う構成はなるべく固定する方
がいいと思っています。なぜなら、**出題形式がパターン化している
から**です。出題形式がたくさんあるのであれば、使い分けの技術も
必要ですが、市役所や公安系の論作文の出題はほとんど一行問題（ま
たはそれに類するもの）です。そうである以上、何パターンもの構
成を持っておくうまみがありません。むしろ、何パターンもの構成
を持っていることがあだとなり、かえって混乱するという弊害をも
たらします。要はデメリットの方が大きいのです。そこで、**手持ち
の構成は読み手に伝わりやすく、かつ自分でも使いやすいシンプル
なものに固定にした方がいい**と思います。構成の型は、一般的な論
作文用の問いと一問一答形式の問いに分けて考えていくといいです
ね。要するに大きく2つを使い分けられるようにしておくというこ
とです。

〖 一般的な論作文に対する構成 〗

　では、まず、一般的な論作文とは何かというと、社会事情などへの**「取組み」を問われるパターン**と考えてください。例えば、「人口減少に対して市が取り組むべきことを述べなさい」という類の設問や「あなたの考える『住み続けたいまち』とはどのようなまちか。また、それを実現させるためにはどのような取組みが必要か」という類の設問がこれに該当します。市役所試験などで多く出題されているパターンですね。

　このような一般的な論作文を書くときの構成としておススメしているのが**「ハンバーガー・ライティング」**という手法です。欧米のライティング手法で「パラグラフ・ライティング」というものがありますが、これはその別称です。**パラグラフ（段落）をハンバーガーに見立てて構成を書いていく**のでこう呼ばれているわけです。私はかねてからこの手法は公務員試験の論作文に大いに役立つと考えていたため、今では皆さんに推奨しています。さっそく具体的にどのような感じになるのかをみていきましょう。

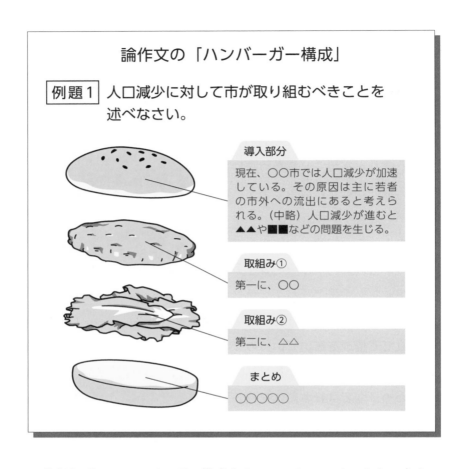

論作文の「ハンバーガー構成」

例題1　人口減少に対して市が取り組むべきことを述べなさい。

導入部分

現在、〇〇市では人口減少が加速している。その原因は主に若者の市外への流出にあると考えられる。（中略）人口減少が進むと▲▲や■■などの問題を生じる。

取組み①

第一に、〇〇

取組み②

第二に、△△

まとめ

〇〇〇〇〇

　私がなぜこのハンバーガー構成をおススメしているのかというと、この構成はシンプルかつ論理的な流れを体現できるからです。設問で「取組み」を問われている場合、いきなりこれを書く人はいないでしょう。取組みを書くということは、何らかの問題点や課題があるからです。そして、問題点や課題をあげるということは、現状・現況がよくないわけですね。つまり、現状・現状→問題点（課題）→取組みという流れが論理的ということになります。これを簡単に

体現できるのがハンバーガー構成の強みです。より具体的にみてい
きましょう。

　例えば、「人口減少に対して市が取り組むべきことを述べなさい」
という問題については、問われていることは言うまでもなく市の人
口減少に対する取組みです。論点は１つなので、そこに大きな配点
があることは言うまでもありません。しかし、その取組みを書く前
の前提を考えてみるという思考が重要です。つまり、人口減少の現状・
現況や人口減少の問題点などを考えてみるということです。例えば、
人口減少の現状は少子化が原因なのか、それとも転出が多いからな
のかなど、複数要因が考えられますよね。それを考えないと取組み
が功を奏しない、あるいは的外れになる可能性があります。ですから、
現状・現況を指摘するのは大切です。また、人口減少に対する取組
みをするのは何のためか？　といったら、それは「人口減少は問題で
ある」という認識があるからでしょう。そうだとすれば、人口減少
の問題点を探る必要があるはずです。

　こんな感じで、取組みを書く前に、まず上のパンの部分にあたる
導入部分で現状・現況や問題点に言及するのがスマートだと言えま
す。

次に、「あなたの考える『住み続けたいまち』とはどのようなまち
か。また、それを実現させるためにはどのような取組みが必要か」
という類の設問が出題された場合の構成についてです。このような
設問は抽象度が高く、意外と苦しむ人が多いですね。論作文が得意
な人でも「どのように構成したらいいのかわからない……」と私の
ところに質問にくるほどです。私はこのような問題を「定義型」と
呼んでいますが、正直、書こうと思えば何でも書くことができてし
まう点に怖さがあります。実際、あっちにいって帰ってこない答案
や迷走しまくりの答案が続出するので注意が必要です。このような
定義型の問題は、自分で明確な定義をすることから始めなければな
りません。例えば、「住み続けたいまち」＝「都市景観が美しいまち」
と決め、それに沿って筆を進めていく必要があるわけです。これを
しないとどんどん抽象的な記述になっていってしまいます。抽象的
な問いに抽象的に答えると……結果はお察しです。ドツボにはまり、
何を言っているのか全く分からない答案になってしまうわけですね。
これらを踏まえて構成を考えてみると、次のような感じになるので
はないでしょうか？

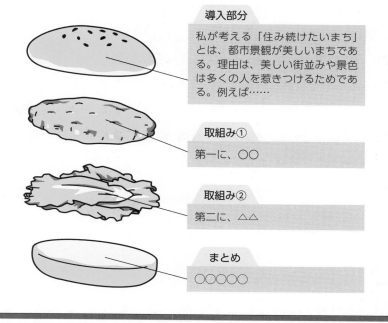

論作文の「ハンバーガー構成」

例題2 あなたの考える「住み続けたいまち」とはどのようなまちか。また、それを実現させるためにはどのような取組みが必要か。

導入部分

私が考える「住み続けたいまち」とは、都市景観が美しいまちである。理由は、美しい街並みや景色は多くの人を惹きつけるためである。例えば……

取組み①

第一に、○○

取組み②

第二に、△△

まとめ

○○○○○

　この定義型は、取組みを書く前に定義を具体化する作業が入るので、そこを上のパンの部分と考え、独立した段落にすることが可能です。それゆえハンバーガー構成になじみやすいと言えます。

　このように、一段落目で定義を示し、具体的に論じることが必要となります。その後は問題文に従い、取組みごとに段落を分けていけばいいだけですから簡単ですね。

〚 一問一答形式の問いに対する構成 〛

　次に、一問一答形式の問いに対する構成を考えてみましょう。テーマとして多いのは、自己の経験や性格、倫理観などを書かせて、職務にどのように生かしていくかを問うパターンです。「将来ビジョン」を書くことが多い点が特徴で、公安系でよくみられる出題ですね。例えば、「あなたはどのような性格か。その性格を警察官としてどのように生かしていくか述べなさい」などというパターンが考えられます。この手の問題は「アイスクリーム構成」で書くと書きやすいですね。「アイスクリーム？」と思ったでしょうが、そうです。あのアイスクリームです。このアイスクリーム構成は、一問一答形式で、問われていることに一つひとつ段落分けして構成する形です。アイスクリームのサイズはダブルが基本型になると思います。イメージとしては次のような形になります。

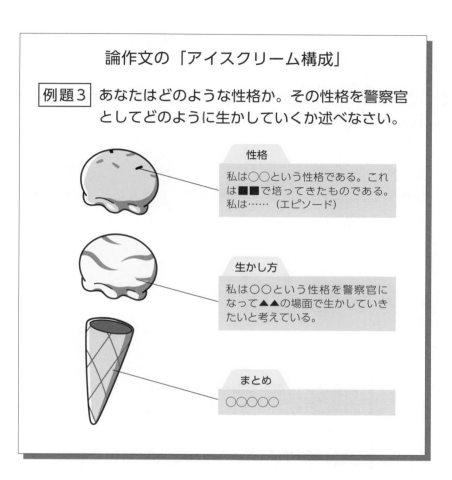

論作文の「アイスクリーム構成」

例題3 あなたはどのような性格か。その性格を警察官としてどのように生かしていくか述べなさい。

性格

私は○○という性格である。これは■■で培ってきたものである。私は……（エピソード）

生かし方

私は○○という性格を警察官になって▲▲の場面で生かしていきたいと考えている。

まとめ

○○○○○

どうでしょうか？ 超簡単ですね。つまり、**問いにそのまま段落を合わせていくだけでいい**のです。今回設問で聞かれているのは、①性格、②生かし方、の２つです。ですから、これらを段落別に分けて書くことで、読み手に伝わりやすくなります。もちろん、それぞれの段落の内容を充実させることは別途考えていかなければなりません。背景や理由、経験や具体例などを盛り込んで主張を膨らま

せていく必要があるわけですが、おおむね構成だけを考えるのであればこんな感じで十分です。

　つまり、構成を考えるというのは、段落分けのセンスを磨くということとイコールで考えて構いません。単純な話なのですが、意外と多くの受験生ができていないことなので、構成で見せることができれば、他の受験生に差をつけることができます。一問一答形式の論作文では、問いにしっかりと答えることが重要だと言われますので、是非設問にあわせてシンプルな構成を考えてみてください。

本書では、「取組み型＝ハンバーガー」「一問一答型＝アイスクリーム」の構成で合格答案例を紹介しているけど、中にはハンバーガー構成とアイスクリーム構成の両方になじむ出題もある。与えられた問いにしっかりと答える段落分けができれば、どちらを使ってもOKだよ。

真似と慣れが
最初の一歩

　論作文が上達しない人の多くには、**真似る意識が低いという共通点があります**。まずは書き方を学んでからでないと書けないと思いこんでいる人が多いわけです。このような人たちは①ノウハウを知る、②ノウハウを使って書く、という流れで論作文を考えているようですが、**実際は先にノウハウを学んでも論作文は書けるようにはなりません**。なぜなら、ノウハウから合格答案の質を知ることはできないからです。ですから、私はそんなノウハウを学ぶよりも合格答案のレベルを知り、そこから見えるよい点を真似することから始めることの方を推奨します。真似る過程で多くの「気づき」を経験し、それをフィードバックすることでオリジナルのノウハウとなります。要するに、**真似ることでノウハウは自然と身についていきます**。また、慣れも必要です。何度も合格答案を読み直し、使えそうなところは真似をする。この作業が論作文を得意にする第一歩となります。合格答案例の中には私の教え子たち（合格者）のエッセンスをたくさん盛り込んでおきましたので、是非参考にしてみてください。

構成の型に正解はないよ。本書で示す構成が絶対！ という趣旨ではないので、自分なりのよりよい構成を見つけた人はそちらを優先するといい。本書の構成はあくまでも参考程度に考えておくといいね。

第1章

合格答案例、
まずは読んでみよう！

公務員試験
論作文の頻出テーマ**30**

社会事情

市民からのニーズ・期待

凸凹市役所

進　習塾

警察官像・消防官像

組織維持・人間関係

まちづくり

自身の経験

抽象ワード定義型

火の用心

犯罪事情

志望動機

資料提示型

出題のパターンについて

　市役所や公安系の論作文は、出題パターンがだいたい決まっています。ここではその傾向をカテゴライズすることで、皆さんが対策を講じる際の足しにしていただきたいと思います。大体のパターンを押さえておくことで、論作文に対する怖さが払しょくされるのではないでしょうか？

市役所

社会事情や自治体の重点課題などを問うものが多く出題されます。

①社会事情

　これが基本です。少子高齢化、防災対策などは消防官と共通でよく問われています。そのほかにも人口減少問題や移住・定住の促進などは地方自治体でよく問われるテーマです。

②市民からのニーズ・期待

　市民が求める行政サービスや効率的な行政サービス、求められる資質などを問う問題です。住民満足度をあげるような取組みを書く必要があります。

③まちづくり

　魅力的なまち、観光ＰＲ、住み続けたいまちなどの理想を書かせるパターンです。受験先のよい点や光る点を把握していることが重

要です。また、まちの課題をあげて、それを解決する取組みを書かせるパターンもあります。この場合は、受験先の問題点や改善すべき点を把握していることが重要です。

④抽象ワード定義型

「『働く』とは？」「大切にしていること」「よろこび」「いきがい」など、抽象的なワードを自分で定義していかなければならないパターンです。抽象的な問いに対して、抽象的な記述で答えるとポエムのような論作文になってしまうので注意です。

⑤自身の経験

警察官や消防官と共通で、何らかの自分の経験を書き、それをどう生かしていくのかについて具体的に書いていくパターンです。

警 察 官

「警察官としての取組み」や「自身の経験の生かし方」を問うものが多いので、問題演習を通じて慣れておくといいと思います。論点落としをしないように構成段階でしっかりと問いに答える姿勢を示しましょう。

①自身の経験

困難にぶつかったことや失敗したこと、頑張ったこと、社会的な奉仕活動（ボランティア等）などから得たものをあげ、その後に生かし方などを書くパターンです。

②志望動機

なぜ警察官を目指したのかを述べ、どんな警察官になりたいかを併せて書くパターンです。

③警察官像

理想の警察官像や資質などをあげて、あなたは警察官としてどのように取り組むかを書くパターンです。

④組織維持及び人間関係

周囲とのコミュニケーションや情報共有の重要性などを書くパターンです。

⑤犯罪事情

気になる犯罪をあげて、それに対する取組みを書くパターンです。

⑥社会事情

社会的な話題（時事）について、自分の考えを書くパターンです。

⑦抽象ワード定義型

「やりがい」や「意識していること」などの抽象的なワードを自分なりに定義してから、考えや行動を書かせるパターンです。

消 防 官

「〜をあげ、消防官としての取組みを述べなさい」というパターンが定石です。まずこの出題形式に慣れてから、そのほかの形式にもチャレンジしてみるのがいいと思います。具体例をあげられるかどうかが勝負になりますね。

①市民からのニーズ・期待

　消防の役割や資質、求められているもの（期待）をあげ、消防官としてどのように取り組んでいくかを書くパターンです。安心・安全をどのように確保していくかを書くことが多いです。

②組織維持及び人間関係

　組織にとって重要なことやコミュニケーションの重要性について書き、どのように消防官として行動していくかを書くパターンです。

③自身の経験

　警察官と共通で、困難にぶつかったことや失敗したこと、努力したことなどをあげ、そこから得たものと、消防官になってからの生かし方を書くパターンです。

④消防官像

　どんな消防官になりたいのか、どのような仕事にチャレンジしてみたいのかなどの将来ビジョンを書くパターンです。

⑤社会事情

　市役所などと同じく、一般的な時事をもとに問題が作られているパターンです。少子高齢化や防災対策などを聞かれることが多いです。

⑥資料提示型

　資料から読み取れることを課題として抽出し、それに対する取組みを書くパターンです。

テーマ 01 | 人口減少社会

要CHECK!
- ☑ 市役所
- ☑ 警察
- ☑ 消防

例題

　現在、日本は人口減少社会に突入している。人口減少が進む社会で今後行政が行うべきことについて、あなたの考えを述べなさい。

ここをCHECK

本問は、人口減少社会という日本がかかえる最大の難題について、自分の所見を書かせるものである。書くべきことは多岐にわたるので、自分なりに視点を絞って書いていかなければパンクしてしまう。今回は少子化対策、人口分布を適正に保つ取組みを書いておいた。この2つを柱に、具体的な取組みに落とし込んでいくことが大切だ。

合格答案例のレシピ

導入部分

現状・現況
- 全国的に人口が減少
- 社会に及ぼす影響

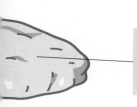

取組み①

少子化対策
- 保育の受け皿を拡大、保育人材の確保
- 男性の育児参加・育児時間の機会を増やす

取組み②

人口分布を適正に保つ取組み
- UIターンに向けた取組み
- 雇用の受け皿と生活の利便性の確保が大切

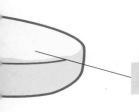

まとめ

急激な人口減少を避ける

合格答案例

　　日本では全国的に人口が減少しており、特に地方では都市部に人口が流れてしまうため、人口減少に歯止めがかかっていない。今後、若者の人口がさらに減少し、高齢者の人口が増加するため、社会に及ぼす影響もさまざまなものが考えられる。例えば、**労働力の減少及び供給力の低下による経済成長の低下、消費者の減少や担い手不足による産業の衰退、若者１人が支える高齢者数が増加することに起因する社会保障の崩壊**①などが考えられる。このような人口減少が進む社会で今後行政はどのようなことを行うべきか。以下具体的に述べる。

> **① 労働力の減少及び……社会保障の崩壊**
> ほかにも、伝統的な行事やイベントの消滅など地域の活力の低下が指摘されている。

　　第一に、人口減少を止める直接的な施策としては少子化対策があげられる。現状は出生数が減少し、合計特殊出生率も低下傾向にあるため、結婚、妊娠、出産、子育てに希望を持てるよう支援の手を緩めてはならない。待機児童は減少傾向にあるとはいえ、今後も保育の受け皿を拡大させていくことや、それに伴う保育人材の確保を継続的に行うことにより、一人ひとりの子育ての不安を解消していく必要がある。また、男性の育児参加・育児時間の機会を増やす取組みも必要である。男性が育児休業を取りやすくなるよう行政が企業に対して働きかけを行うべきであろう。

　　第二に、都市部と地方部の人口分布を適正に保つ取組みが必要である。なぜなら、現在、都市部は転入超過になっている反面、地方部では人口流出が顕著であり、地域間格差が生じているためである。これが続く

と地方部では行政サービスの質が低下する可能性もあることから、人々の地方分散の流れを加速させるため、各自治体は UI ターンに向けた取組みが必要となる。**UI ターン**[2]を推進するためには地方に雇用の受け皿と生活の利便性が確保されていなければならない。まず雇用の受け皿では、地方における産業の育成や中小企業支援を通じて、若者にとって働きやすい環境を作り出していく必要がある。例えば、副業・兼業を認めたり、在宅勤務をはじめとするテレワーク環境を整備したりすることなどがあげられる。特にテレワークについては、週の半分をリモートで働ける環境を整備するだけでも通勤による身体的・心理的負担を軽減することにつながる。都市部に住まなくても地方部で仕事ができれば、地方定住につながるのではないだろうか。次に生活の利便性を確保していく必要がある。そのためにはコンパクトシティの取組みが有効である。生活に必要な機能を集約することで移動による負担の軽減を図り、すべてを各自の生活圏内で済ませることができるようにしていくことが必要だ。併せて**行政の ICT 化**[3]を進め、住民にとって行政サービスを受ける際の利便性を高めていくことも求められる。

　　地方の人口減少に歯止めをかけることは難しい。しかし、急激な人口減少により一気に過疎化が進み、地方の活力が衰退することだけは避けなければならない。そのために行政は住民の理解を得ながらさまざまな施策を積極果敢に行っていかなければならない。

（1213 文字）

[2] UI ターン
U ターンは、地元から別の地域に移り住み、その後また地元に戻り住むこと。I ターンは、地元から、別の地に移り住むこと。

[3] 行政の ICT 化
現在政府は、デジタル手続法に基づいて、行政手続等の利便性の向上や行政運営の簡素化・効率化を図るために各種申請を原則オンラインにする取組みを加速化させているよ。

テーマ 02 自然災害

例題

　近年各地で発生している自然災害に対して、今後必要となることについてあなたの考えを述べなさい。

＼ここをCHECK／

本問は、超頻出テーマの災害対策についてだよ。受験生は一通必ず用意しているテーマなので皆さんもひな型を用意しておくべきだろう。考える際には、現状・現況部分をさらっと書いたうえで問題提起につなげるといいね。対策としては、ハード面・ソフト面という書き方にしてみたが、他にも事前・事後（災害が起こる前と後）という視点から書き分けるのでも構わない。自分の中でしっくりくるものを選ぶといいね。また、自然災害は台風や暴風雨、局地的豪雨などに基づく水害、地震などが想定されていればOK。その際、記述が偏らないように注意しよう。今回はあげていないが、都市部の受験を考えている受験生は、帰宅困難者対策をソフト面であげるのも一つの手だよ。

合格答案例のレシピ

導入部分

現状・現況
- 豪雨による水害や土砂災害が頻発
- 大規模な地震に対する備えも急務

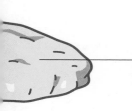

取組み①

ハード面
- 水害対策 → ダム、堤防の整備
- 地震対策 → 建物の耐震化、道路幅の確保、無電柱化

取組み②

ソフト面
- 住民の防災意識を高める取組み
  → 防災訓練、情報発信、ハザードマップの見直しと周知、防災行動計画（タイムライン）の策定

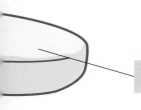

まとめ

地域の特性に応じた防災・減災対策が重要

合格答案例

　　近年、日本各地で豪雨による水害や土砂災害が頻発しており、防災対策の強化が求められている。また、今後起こることが予想されている大規模な地震に対する備えも急務である。このような中で必要となってくることとは何か。ハード面の対策とソフト面の対策の**2つに分けて、以下具体的に述べる**①。

　　第一に、ハード面の対策として、ダムの有効利用を考えていく必要がある。ダムの建設には多くの反対の声が上がるのが通常であるが、有効な治水計画が作れない場合にはダムの建設を進めることも視野に入れるべきであろう。そして、ダムをより機能的なものとするため、**ICT の積極的な活用**②やさまざまな技術開発などを施し、品質の確保と生産性の向上を図っていくべきである。また、河川の堤防を改修したり維持・管理を徹底したりしていく必要もある。ひとたび決壊や氾濫が発生すると甚大な被害をもたらすことが近時の水害から実証されているからだ。一方、地震対策としては、木造住宅密集地域における建物の耐震化が急務である。この耐震化のための費用を一部助成する取組みが既にみられるが、実際の活用事例などを広く紹介することで耐震化の有効性を示していくべきである。道路の拡幅や無電柱化なども課題であろう。細い道路には緊急車両が入れずに救助に向かえないことも多い。また、地震の際に電柱が倒壊し道路を封鎖してしまう危険や断線による類焼の危険もあるからである。もっとも、ハード面の整備は総じて多額な費用がかかるため、優先順

① **2つに分けて、以下具体的に述べる**

「2つ」と先に書くことで、主張が2つある構成だということが、より伝わりやすくなるよ。

② **ICT の積極的な活用**

点検で水中ロボットやドローンを活用する事例は既に見られるね。

位をつけて着実に実行していくことが求められる。

　　　第二に、ソフト面の対策としては、住民の防災意識を高めていく取組みが必要である。そのため、例えば定期的な防災訓練を行ったり、日頃の情報発信をこまめに行ったりする必要がある。特に避難場所、避難所の情報提供は不断に行っていくべきである。また、ハザードマップの見直しやその周知に努めることも求められる。近時の台風や局地的豪雨でも、ハザードマップが想定していた浸水地域と、実際の被害が出た地域とが重なっていたことが判明している。このことから、ハザードマップは防災・減災対策を行ううえでの必須アイテムとなっていると言ってよい。さらに、災害時にとるべき行動を時系列で整理した**防災行動計画（タイムライン）**③の策定も進めていくべきである。地域全体の防災意識を高めていくためには町内会単位の避難の仕組みを作ったり、公立学校などで一人ひとりのマイタイムラインを作ったりすることも有効であろう。これを行政の計画と結びつけることでより高い防災意識を持つことにつながる。

　　　日本はもともと自然災害の多い国である。それゆえ今後もさまざまな自然災害に備え、各自治体としては住民の参加を得て、地域の特性に応じた防災・減災対策を進めていくことが重要である。

（1151 文字）

③ 防災行動計画（タイムライン）
国土交通省が策定を推進しているんだ。各自治体もこれに呼応して作り始めているよ。

テーマ 03 移住・定住

例題

移住・定住を促進するために必要なことを述べなさい。

ここをCHECK

本問は移住・定住の促進だけにフォーカスした問題。市役所などでは
この手の問題は鉄板だ。背景にはもちろん人口減少に対する危機感が
ある。でも、論調として決してネガティブな方向にもっていってはな
らない。自治体の持続可能性を高めるべくポジティブな論調で書くこ
とが求められるよ。なお、取組みは各自治体で行われているものを念
頭に書くといい。そうすれば出題者の意図ともマッチしやすくなる。
それゆえ、ご自身が受験する自治体がどのような取組みを行っている
か、一度チェックしてまとめておいた方がいいね。今回はどの自治体
でも行っているようなベタなもの（汎用性のあるもの）だけを盛り込
んで答案化してみた。各自治体が行っている固有の取組みを盛り込め
ばより充実した答案になると考えられるよ。是非チャレンジしてもら
いたい。

合 格 答 案 例 の レ シ ピ

導入部分

現状・現況
- 人口減少
- 一部地方への移住・定住を検討する動き

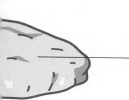

取組み①

地方の魅力を広く発信する取組み
- 自然や食、文化などの魅力に磨きをかけ発信
  - → UIJターン向けの相談会を開催、専用の窓口を設置、SNSや動画の活用
  - → 関係人口を増やしていく取組みも有効

取組み②

地方への移住・定住を検討する人に対する不安を解消するための取組み
- 雇用 → 移住・定住者の雇用の受け皿を確保
- 住まい → 空き家バンク
- 生活 → 移住コーディネーター

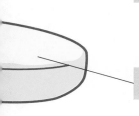

まとめ

地域の持続可能性を高めていく

合格答案例

現在、東京や神奈川などの一部を除き、日本では人口減少が進んでいる。この流れは容易に変えることが難しい。しかし、そのような中でも地方の持続可能性を高めるためには、移住・定住の促進が欠かせない。最近は新型コロナウイルス感染症の拡大により、一部では**地方への移住・定住を検討する動きも見られる**[1]。このような現状の下、地方が移住・定住をさらに促進していくために必要なこととは何か。以下具体的に述べる。

第一に、地方の魅力を広く発信する取組みが必要である。地方の魅力として考えられるものとしては自然や食、文化などがある。地方には都市部にはない魅力が豊富にあり、その魅力に磨きをかけて多くの人に発信していく必要がある。例えば、**UIJ ターン**[2]向けの相談会を開催したり、専用の窓口を設置したりすることなどが考えられる。さらに地域の自然・環境の魅力を伝えるためにSNSや動画などを活用することも有効であろう。このようにさまざまな手段を駆使して魅力を伝えていく必要がある。また、移住・定住のための入り口として観光を振興したり、ふるさと納税制度を活用したりして、**関係人口**[3]を増やしていく取組みも大切である。観光やふるさと納税制度を通して魅力を知り、その経験をもとに移住・定住を検討する人もいるからだ。

第二に、地方への移住・定住を検討する人に対する不安を解消するための取組みが必要である。この不安には主に雇用や住まい、生活への不安などがある

[1] 地方への移住・定住を検討する動きも見られる
内閣府の調査によると東京23区に住む20代で地方移住に興味を持っている人は35.4%らしいよ。

[2] UIJ ターン
UIターンはテーマ01で説明したとおり。Jターンは、地元から別の地域（主に都市部）に移り住み、その後、出身地に近い異なる地域に移り住むこと。

[3] 関係人口
地域にさまざまな形で関わる人々のことだよ

と考えられる。まず雇用については、地域の中小企業や地場産業の協力を得て、移住・定住者の雇用の受け皿を確保していくことが必要である。そのうえで地方での就業希望者に対して仕事の情報やイベント・セミナーの情報などを随時発信していくべきである。また、就業を希望する者だけでなく創業を希望する者に対しても、移住支援金を用意して支給すると効果的だろう。次に住まいについては、**空き家バンク**④を活用し、希望条件で手軽に検索でき、住まい探しができるポータルサイトを設けることが大切だ。一定の期間、お試しで住める機会や引っ越し・修繕にかかる費用の一部を助成する制度を整えることも有効である。さらに生活への不安については、移住コーディネーターによる手厚いサポートによって、移住者の不安や悩み、その他の各種ニーズに応えていくことが求められる。人の温かさを求めて移住・定住に踏み切る人も多いと聞く。そこで移住者・定住者が地域にいち早く溶け込み、地域の一員として生活できるようにきめ細やかな支援が求められる。

　　　　人口が減少していく社会でも、移住・定住を促進することで地域の持続可能性を高めていくことはできるだろう。そのため、一人でも多くの人が地域の担い手となって活躍してもらえるよう、移住・定住に向けた支援を継続してくべきである。

（1151 文字）

④ **空き家バンク**
空き家の売却・賃貸を希望する人と空き家の利用を希望する人をつなげる制度だよ。

テーマ 04 安心・安全な社会

例題

　あなたが考える「生活するうえで安心・安全な社会」とは何か。その意義を明らかにし、それを実現していくために警察官としてどのようなことに取り組むべきか、具体的に述べなさい。

ここをCHECK

本問は、社会事情系でありながらも定義型の出題だ。「安心・安全な社会」の定義をし、それを実現するための取組みを書くことが求められているね。なお、定義の数は１つでも２つでもいいが、抽象的な定義にしないことがポイント。抽象的な問いに抽象的に答えると書きづらさが倍増するからだよ。実現するための取組みについては警察官としてできるものにフォーカスし、具体的に書くことが求められる。今回は交通事故の少ない社会を実現する取組みとして、高齢者の事故や自転車の事故について触れてみた。日ごろから高齢ドライバーによる事故や自転車の無謀運転が新聞やニュースで取り上げられているから、このような時事的な話題を盛り込むことで他の受験生との差別化が可能となるんだ。

合 格 答 案 例 の レ シ ピ

導入部分

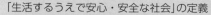

「生活するうえで安心・安全な社会」の定義
- 犯罪や交通事故の少ない社会
- これをあげた理由

取組み①

犯罪の少ない社会を実現するための取組み
- 日頃の治安維持に向けた取組み
  → パトロールの徹底、地域住民への声がけ、不審人物に対する職務質問

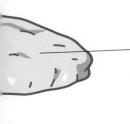

取組み②

交通事故の少ない社会を実現すための取組み
- あおり運転や飲酒運転など、違法運転の取締り
- 高齢者の交通事故防止に向けた取組み
  → 免許返納の呼びかけ
- 自転車の交通事故防止に向けた取組み

まとめ

地域住民の協力を得ることも重要

合格答案例

　　　　私の考える「生活するうえで安心・安全な社会」とは、犯罪や交通事故の少ない社会である。犯罪や交通事故が多発する地域には、生命に対するリスクが潜んでいるため、人は寄り付かないだろう。そして徐々にまちは荒廃し、スラム化も進んでいくことが予想される。そのため、犯罪や交通事故の少なさは安心・安全を支える要となる。以下、これらの社会を実現していくために警察官として取り組むべきことを述べる。

　　　　第一に、犯罪の少ない社会を実現していくためには、日頃の治安維持に向けた取組みが必要である。具体的には、昼夜の徹底したパトロールや地域住民に対する声がけ、不審人物に対する**職務質問①**などである。これらは警察官にとって最も基本となる職務と言えるが、このような地道な作業を継続的かつ綿密に行うことで犯罪を防止することができる。特にパトロールは、警察官の存在を示すだけで犯罪の抑止的効果につながる側面があるため、交番やパトカーを拠点とする際には工夫を凝らすことが重要である。例えば、巡回ルートを定期的に変えてみたり、商店街などでは自転車を押し、時間をかけて注意を喚起しながら重点的に見回ったりすることなどが考えられる。また、職務質問も犯罪の予防・発見には不可欠であるため、対象者のプライバシーへの配慮をしつつ積極的に行っていくべきである。

　　　　第二に、交通事故の少ない社会を実現していくためには、あおり運転や飲酒運転などの違法運転

① 職務質問

職務質問は、警察官職務執行法２条１項で規定されている。警察官は、異常な挙動その他周囲の事情から合理的に判断して何らかの犯罪を犯し、若しくは犯そうとしていると疑うに足りる相当な理由のある者などを停止させて質問することができるよ。

42

を徹底して取締るべきである。これらは他人を巻き込む重大な事故につながるケースが多いからである。また、**最近は高齢者の交通事故割合が高くなっており、交通事故死者も半数を超える**②。そこで、被害者になることを防止するだけでなく、加害者になることをも防止するため、免許返納の呼びかけを行っていくべきである。さらに、自転車の交通事故件数も高止まりしており、全体の約２割を占めている。特にイヤホンで音楽を聴きながら運転したり、スマートフォンを操作しながら運転したりする「ながら運転」による事故が多いのが現状である。そこで、自転車の整備方法や交通マナーを呼びかけるとともに、「**危険行為**③」の類型などを告知していくべきである。自転車の運転が重大事故につながることを社会に広く伝えていかなければならない。

警察官は地域住民の安心・安全を考え、犯罪や交通事故を減らすための取組みを継続していかなければならない。その際、地域住民の協力を得ることも重要だ。巡回連絡への協力の呼びかけや住民による防犯パトロールとの連携などがその例である。このようなさまざまな取組みを通じて、安心・安全な社会作りに貢献していかなければならない。

(1092 文字)

② **最近は高齢者の交通事故割合が高くなっており、交通事故死者も半数を超える**

2019 年の死者数は3215 人で、2018 年より減少した。また、高齢者の死者数は減少しているが、全体の５割以上を占めている。

③ **危険行為**

現在、15 項目の危険行為が規定されている。近時、あおり運転に当たる「妨害運転」が 15 項目として追加されたよ。

テーマ 05 少子高齢化

例題

　少子高齢化が社会に及ぼす影響について説明し、それに対する消防行政としての取組みについて、あなたの考えを述べなさい。

＼ここをCHECK／

本問は、一見すると少子高齢化がテーマになっているように思えるけど、消防行政の取組みを聞いているため、単なる少子高齢化の問題ではないよ。したがって、少子高齢化が社会に及ぼす影響についても消防の観点から言えるものをあげる必要があるね。影響については少子化と高齢化に分けて考えていくと分析的だ。一方、影響に対する取組みは、消防官個人としてできることを書いてもいいけど、消防行政という組織でできることを書いていくと筆が進みやすいのではないかな。難しい政策を書く必要はなく、あくまでも普通に考えれば思い浮かぶ程度のことを論理的に書いていけば、十分合格レベルに達するよ。

合 格 答 案 例 の レ シ ピ

導入部分

少子高齢化が社会に及ぼす影響
- 少子化の影響
  - → 防災対策の担い手が減少する
- 高齢化の影響
  - → 高齢者が火災や大規模災害の際に被害に遭うリスクが高まる

取組み①

防災対策の担い手が減少する点に対する取組み
- 消防団や自主防災組織との連携
  - → 消防団や自主防災組織の活動内容や社会に対する貢献度などを広報し、多くの若者に対して協力を求めていく（防災教育、事業者や大学、自治会等との連携、認定・表彰の仕組み）

取組み②

高齢者が被害に遭うリスクが高まる点に対する取組み
- 高齢者の一人ひとりが自助の対策をとれるよう徹底した啓発を行う
- 火災
  - → 初動のマニュアル化、防災訓練への参加を呼びかけるなど
- 自然災害
  - → 居住地域における自然災害の危険がある場所を把握できるようにしておく、避難経路や難場所をあらかじめ指定しておくよう呼びかける

まとめ

自助・共助の意識を喚起し、地域の消防防災力を高めていく

合格答案例

　　　現在、日本では少子化、高齢化が進行している。このことが社会に及ぼす影響は次の２点である。まず、少子化が進むことで防災対策の担い手が減少する点である。火災や大規模災害発生時には公助に頼らずその地域での消火活動・救助活動が行えるような体制を構築することが必要である。次に、高齢化が進むことで高齢者が火災や大規模災害の際に被害に遭うリスクが高まる点である。特に近年、自然災害によって高齢者が被災する事例が多発している。では、これらの影響に対して消防行政としてはどのような取組みをしていけばよいのだろうか。以下具体的に述べる。

　　　第一に、防災対策の担い手が減少する点についてである。地域における消防防災体制を強化していくためには、常備消防である消防官が行う公助はもちろん大切だが、共助の担い手である**消防団や自主防災組織**①と連携していくことも重要である。というのも、常備消防は機動力、即時対応性に優れ、消防団や自主防災組織は動員力や地域密着性に優れているため、それぞれが持つ強みを生かすことが消防防災体制の強化につながるからである。そこで、消防団や自主防災組織の活動内容や社会に対する貢献度などを広報し、多くの若者に対して協力を求めていくべきである。具体的には、体験型イベントなどを通じて防災教育の普及を図ったり、事業者や大学、自治会等との連携により人員を確保したりすることなどが考えられる。また、**次世代の消防防災を担う若手リーダーを認定・表**

① **消防団や自主防災組織**
消防団は、消防本部や消防署と同様、消防組織法に基づき、それぞれの市町村に設置される消防機関だ。地域における消防防災のリーダーとして、消火活動だけではなく、平常時・非常時を問わずその地域に密着し、住民の安心と安全を守る役目を担っている。一方、自主防災組織は、災害対策基本法で規定されている、地域住民による任意の防災組織だよ。町内会単位で設置しているケースがある。

彰する[2]など、地域社会に貢献することに対してインセンティブを付与する仕組みを設けることも有効であろう。

第二に、高齢者が被害に遭うリスクが高まる点であるが、高齢者の一人ひとりが自助[3]の対策をとれるよう徹底した啓発を行うべきである。火災では、高齢者の老化に基づく認知機能の衰えや避難行動の遅れによる逃げ遅れが死亡原因の一つとなっている。そこであらかじめ火災が発生した場合の初動をマニュアル化し、各家庭に配布しておく必要がある。また、日頃から防災訓練への参加を呼びかけ、体験として学習できる機会を設けることも必要だ。一方、自然災害から高齢者が身を守るためには、避難場所等の安全な場所へ避難することが最も重要である。そこで、災害発生時に適切かつ迅速に避難できるよう、平常時より、居住地域における自然災害の危険がある場所を把握できるようにしておくとともに、避難経路や避難場所をあらかじめ指定しておくよう呼びかけることが重要である。特に一人暮らしの高齢者に対しては、地域社会の取組みに積極的に参加するよう、近隣住民と連携して呼びかけていく必要がある。

今後、少子高齢化はますます加速化することが予想される。そのような中でも持続可能な消防防災体制を構築し、高齢者の被災を減らしていくためには地道な普及啓発が欠かせない。さまざまな工夫を凝らすことで自助・共助の意識を喚起し、地域の消防防災力を高めていかなければならない。

（1212 文字）

---

[2] 次世代の消防防災を担う若手リーダーを認定・表彰する

実際に、消防団強化の取組みとして、消防団活動に取り組み、顕著な実績を収め、地域社会へ多大なる貢献をした大学生に、市町村が実績を認証することで、就職活動を支援する制度がある。「学生消防活動認証制度」というよ。

[3] 自助

取組みを考える際の視点として、「自助・共助・公助」を覚えておこう。「自助」はまず自分自身の身の安全を守ること、「公助」は地域など周囲の人たちが協力して助け合うこと、「共助」は市町村や消防、警察などの公的機関による救助や援助のことだよ。

テーマ 06 行政への期待

例題

　市民からの期待に応えるために、職員として取り組むべきことを述べなさい。

＼ここをCHECK／

本問は、市民からの期待に応えるために、職員として取り組むべきことを問われているけど、これを書く前にそもそも市民から期待されている事項を確定させなければならない。これをまず1段落目に書いて明らかにしておく必要があるよ。決まったものはないので、自分で考えたものをあげておけばいいね。今回はオーソドックスに、迅速な対応と生活を支える基盤を整えていくことをあげておいた。2段落目以降は、最初にあげた期待に応えるための行動を書くことが求められるよ。その際、なるべく具体的に書くように心がけよう。どうしてもふわっとしがちなので、ご自身で書いたもの（思い浮かべたもの）が抽象的になっていないかをチェックしてもらいたい。

合 格 答 案 例 の レ シ ピ

導入部分

市民が職員に期待していること
- 迅速な対応
  - → 各種要望に正確かつ素早く対応する力を身につけていくことが必要
- 生活を支える基盤を整えていくこと
  - → 市民の声をしっかりと聞くことが必要

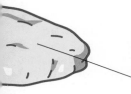

取組み①

各種要望に正確かつ素早く対応する力を身につけるための取組み
- 日頃から幅広い知識を吸収していく、情報共有
- 分かりやすく説明する能力を身につける
- 行政のデジタル化の案内も丁寧に説明していく

取組み②

市民の声をしっかりと聞くための取組み
- 市民との積極的なコミュニケーション
  - → 市民から聞いた声を政策に反映させる
  - → 大学時代のボランティア活動
  - → まちづくりに関わる業務を行う際の具体例

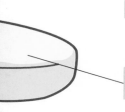

まとめ

住民との協働が必要

　　市民が職員に期待していることは何か。私は２つあると考える。１つ目は迅速な対応である。例えば、市役所の窓口ではなるべく早く手続を終えたいと考えるのが普通である。そこで職員としては各種要望に正確かつ素早く対応する力を身につけていく必要がある。２つ目は生活を支える基盤を整えていくことである。例えば、公共交通の整備、医療体制の整備、雇用の受け皿の拡大、子育て支援の充実など[1]さまざまなものがあげられる。職員としてはこれら一つひとつの期待に応えるべく、市民の声をしっかりと聞くことが求められる。以下、これらを踏まえて職員として取り組むべきことについて具体的に述べる。

　　第一に、各種要望に正確かつ素早く対応する力を身につけるためには、日頃から幅広い知識を吸収していく必要がある。そこで自己の担当分野以外のことについても研修や実務を通じて積極的に学んでいく姿勢が求められる。周りの職員との情報共有も重要だ。公務員の仕事はチームで行うものが多い。それゆえ自己が身につけた知識を周りの職員に伝え、逆に周りの職員から新しい事例の対処法を学ぶことも組織内の円滑な業務遂行に役立つ。また、窓口対応では分かりやすく説明する能力も求められる。市民の求めていることを的確に把握し、それに対して一度で理解してもらえるような説明力が業務の円滑化には不可欠だからである。そこで、ただ漫然と業務を遂行するだけでなく、市民とのコミュニケーションを大切にしなが

[1] 公共交通の整備、医療体制の整備、雇用の受け皿の拡大、子育て支援の充実など

ほかにも災害に備えた橋梁や道路の整備、各種社会保障等の迅速な給付などがあるね。

ら分かりやすく伝えるスキルを身につけていくべきである。行政手続は一般の市民には分かりにくいことが多い。これに対して職員は行政手続のプロとして、例えば申請書の書き方や事前の持ち物などを明確に提示していく必要がある。さらに、**行政のデジタル化**②の案内も丁寧に説明していくことが求められる。今後、窓口でなくてもできる申請が増えることを踏まえ、自らが学ぶ姿勢を忘れてはならない。

第二に、市民の声をしっかりと聞くためには、市民との積極的なコミュニケーションが欠かせない。そして何よりも市民から聞いた声を政策に反映させることが大切である。なぜなら、**市民ニーズから明らかとなった課題を解決していく**③ことが公務員の仕事だからである。私は大学時代のボランティア活動で傾聴の姿勢が大切であることを学んだ。時としてクレームに近い要望をいただくこともあったが、そのような声にも真摯に耳を傾け、丁寧に応えていくことで信頼関係を獲得することができた。このような経験を職員になってからも生かし、各分野の施策の反映につなげていきたい。例えば、まちづくりに関わる業務を行う際には、地域の住民と話し合う機会を設け、行政がまちづくりの団体やNPOなどと連携しながら地域の課題を解決していくように努めていきたい。

昨今の多様化する市民ニーズを的確に把握し、充実した行政サービスを提供するためには住民との協働が必要である。そこで、職員としては市民としっかりと向き合い、市民の期待に一つひとつ応えていくことが求められる。

(1242 文字)

② 行政のデジタル化

2019年には「デジタル手続法」が施行された。今後は国の行政手続について、オンライン化が原則となる。地方自治体も努力義務となった。また、本人確認や手数料納付もオンラインで実施することになるよ。どんどん行政の手続がオンライン化されていくだろうね。

③ 市民ニーズから明らかとなった課題を解決していく

「住民協働」というよ。多様化する住民ニーズを的確に把握し、それを行政サービスに反映していく試みだ。限られた人員、財政の下では「協働」という意識が不可欠なんだ。

テーマ 07 効率的な住民サービス

要CHECK!
- [x] 市役所
- [ ] 警察
- [ ] 消防

例題

効率的な住民サービスを実現するために取り組むべきことを述べなさい。

＼ここをCHECK／

本問は「効率的な住民サービスの実現」をテーマにした出題。人材不足や財源不足の中でどうやって現在の住民サービスを維持していくか、という視点で考えると分かりやすいかもしれない。業務を効率化することがすなわち効率的な住民サービスにつながると考えてもいいね。取組みは行政のデジタル化と行政手続のワンストップ化、キャッシュレス化をあげてみたけど、もちろんこれ以外のものをあげても構わないよ。例えば、職員同士の連携やコミュニケーションの円滑化などを書いてもいいだろうね。連携がうまくいけばそこに効率化が実現することになる。自分の頭に思い浮かんだものを説得的に論証するようにしてもらいたいね。

合 格 答 案 例 の レ シ ピ

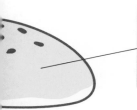

導入部分

現状・現況
- 多くの自治体が人員的・財政的な困難を抱えている
  → 限られた資源を地域の課題解決に向けて効率的に活用
    していくことが必要

取組み①

行政のデジタル化
- 行政手続のオンライン化
  → ただし、デジタルディバイドの是正が必要
- 行政サービスに係る受付や審査・決裁、書類の保存などの
  一連の業務もデジタル化
- AIやRPA等のデジタル技術を積極的に導入

取組み②

行政手続のワンストップ化とキャッシュレス化
- 行政手続のワンストップ化
  → APIの整備や公開を推進していくことが必要
- キャッシュレス化
  → 税金支払いのキャッシュレス化を皮切りに対象の拡大
    を図っていく

まとめ

より一層デジタル技術を活用していく

合格答案例

　　現在、行政ニーズが多様化する一方で多くの地方自治体が人員的・財政的な困難を抱えている。このような状況下で、限られた資源を地域の課題解決に向けて効率的に活用していくことが求められている。効率的な住民サービスを実現するために取り組むべきことは何か。以下具体的に述べる。

　　第一に、行政のデジタル化に向けた取組みが必要である。地方自治体は、住民に身近なところで行政サービスを提供する役割を担っており、その意味で**行政手続のオンライン化**[1]は、住民の利便性向上をもたらすものとして優先的に進めるべきことと言える。ただ、これを導入する際には**デジタルディバイド**[2]の是正に取り組む必要がある。高齢者や障害者等を含めすべての住民が公平にサービスの恩恵を受けられるようにするために、アドバイザーによる支援体制の整備やシンプルな端末の使用、ヘルプデスクの併設などを行っていかなければならない。また、行政手続だけでなく、行政サービスに係る受付や審査・決裁、書類の保存などの一連の業務もデジタル化できれば、職員一人当たりの事務作業を軽減し、空いた人員や時間を住民に寄り添う良質なサービスの提供に充てることが可能となる。さらに、AI や RPA[3]等のデジタル技術を積極的に導入し、業務の改善につなげていく努力も怠ってはならない。持続可能な行政サービスを提供し続けていくためにもこれらを積極的に活用することが求められる。

[1] 行政手続のオンライン化

「デジタル手続法」では、地方公共団体の行政手続のオンライン化が努力義務となったよ。

[2] デジタルディバイド

情報格差。インターネットなどの情報通信技術を利用できる者とできない者の間に生じる格差のことをいうよ。

[3] RPA

Robotic Process Automation のこと。事務作業を自動化する仕組み。生産性の向上に役立つとされている。

第二に、行政手続のワンストップ化とキャッシュレス化を推し進めていくべきである。まず行政手続のワンストップ化により、窓口のたらいまわしからくる負担やストレスを軽減できるだろう。そこで、情報セキュリティ対策を万全なものとしたうえで、関連する行政手続をワンストップ化していくための API [4] の整備や公開を推進していく必要がある。次に、キャッシュレス化により決済手続が簡略化されるため、住民の利便性向上と自治体側のコスト削減につながるだろう。現在行われている税金支払いのキャッシュレス化を皮切りに対象の拡大を図っていくべきである。

[4] API
Application Programming Interface のことで、ソフトウェア機能を共有する仕組みのことだよ。

　人口減少が進む社会でも、必要なサービスを、時間と場所を問わず、最適な形で提供できる仕組みをつくることで、効率的な住民サービスの実現につなげていくことが可能となる。そのため、国、地方自治体、民間事業者などの各主体が知恵を絞り、より一層デジタル技術を活用していかなければならない。

（984 文字）

テーマ 08 SNS

例題

　行政が SNS（ソーシャル・ネットワーキング・サービス）を使用することのメリットとデメリットをあげ、今後行政としてどのように利活用していくべきか、あなたの考えを述べなさい。

ここをCHECK

本問は、「メリット」「デメリット」「利活用」の一問一答（アイスクリーム構成）で考えるとわかりやすいね。まず、行政が SNS を使用することのメリット、デメリットをあげる必要があるが、ここでのポイントは SNS 一般のメリット、デメリットをあげるのではなく、行政が SNS を使用することのメリット、デメリットをあげる点にあるよ。ここにフォーカスできないと点数がもらえない。メリット、デメリットは複数あげた方が説得的だ。自分で思いつくものを、説明を加えつつ列挙していくといいね。今後行政としてどのように利活用していくべきか、という点は、意見を求められているのでメリット、デメリットを踏まえて、自分の考えを書いていかなければならない。今回は各 SNS ツールの特徴を最大限に生かすべきとの意見を添えておいた。正解は一つではないので、一度ご自身で考えてみるといいだろう。

合格答案例のレシピ

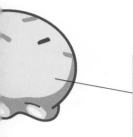

SNS を使用することのメリット

- 多くの官庁や自治体もSNSで暮らしの情報やイベントの告知などをするケースが増えている
- 運用コストを最小限に抑えられる
- 受け手のニーズに合った情報発信が可能

SNS を使用することのデメリット

- 持続性への不安
- 受け手が偏る
- 炎上の危険

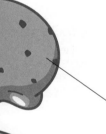

利活用

- 各SNSツールの特徴を最大限に生かす
  → リテラシー教育やトラブル対応のマニュアル化を徹底したうえで、多様で柔軟な活用法を検討

まとめ

住民の意見などを参考にしながらSNSの有効利用の途を探る

合格答案例

SNSはフォロワーを多く獲得することで、情報を一斉に拡散することができるという特徴を持つ。最近は個人や企業だけでなく、多くの官庁や自治体もSNSで暮らしの情報やイベントの告知などをするケースが増えており、SNSの利活用が従来にも増して加速している。

このSNSを行政が使用するメリットは、手軽に行政に関する情報を伝達できる点とニーズに合わせた情報発信が可能となる点にあると考える。まず前者については、SNSの多くは無料でアカウントを作ることができるため、始める際や運用する際のコストを最小限に抑えることができる。そして、短文での情報発信も可能であるため、技術的なハードルもほぼないと言っていい。後者については、SNSにはアナリティクス機能や**レスポンス機能**[1]が付帯しているため、行政の発信した情報の拡散度合いやマッチ度などを分析することができる。そうすると、発信者である行政はより受け手のニーズに合わせた質の高い情報提供が可能となる。さらに、返信機能を使えばより双方向性が確保され、受け手とのコミュニケーションも活発になる。

一方、SNSのデメリットとして、持続的な情報提供にはやや不安が残る点をあげることができる。これはSNSを運営している主体が民間企業であることからくるものである。また、情報の受け手が偏ってしまい、住民全体にくまなく情報を行き届かせるには難がある点もあげられる。SNSを使用しているのは若い世代が多いため、特に高齢者には情報が行き届かないとされる。こ

[1] レスポンス機能
Twitterのリツイートや Facebook、Instagramなどの「いいね」などだね。

のような情報格差が生じると、情報の平等・公平性が担保できなくなってしまう。さらにはネット社会特有の炎上の危険もある。SNS上での情報発信は手軽である反面、批判にもさらされやすい。誤解を生む発言や不正確な情報が出回ると行政の信頼が失われることにもなりかねない。

このように、行政がSNSを使用することにはメリット、デメリットの双方があるが、私はSNSによる情報発信が住民やそれ以外の多くの人にとってプラスの方向に働くことを期待したい。現在も各自治体はまちの魅力を伝えるためのツールとしてSNSを活用[2]し、さまざまな仕掛けや工夫を凝らしている。このような地道な努力がまちの興味を引き出し、ひいては交流人口や関係人口を増やすことにもつながると考えられる。そこで、行政としては、デメリットをしっかりと認識したうえで、今後ともSNSの積極的な活用を模索していくべきである。その際大切になってくるのは、各SNSツールの特徴を最大限に生かすことである。例えば、TwitterやFacebookに行政のHPへのリンクを貼るだけでは誘因として弱いと思われる。また、返信をしないのであればSNSの双方向性も生かされない。発信者となる職員に対するリテラシー教育やトラブル対応のマニュアル化を徹底することを前提に、より多様で柔軟な活用法を検討していくべきだろう。

民間レベルでは情報発信のあり方が多様化することが予想され、それに伴って人々もより手軽な手段で情報にアクセスすることを望むようになるであろう。行政としては、住民の意見などを参考にしながら今後もSNSの有効利用の途を探っていかなければならない。

(1319文字)

[2] **まちの魅力を伝えるためのツールとしてSNSを活用**
Instagramでは、観光名所の魅力や自然の美しさなどを写真で伝えるケースが多いよね。インスタ映えを利用しているわけだ。

市民からのニーズ・期待

要CHECK!
市役所
警察
消防

テーマ 09 消防への期待

例題

　消防に住民が期待していることをあげ、消防官として、あなたはどのように取り組むのか、具体的に述べなさい。

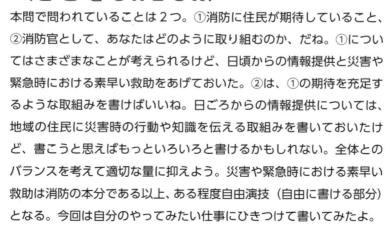

＼ここをCHECK／

本問で問われていることは2つ。①消防に住民が期待していること、②消防官として、あなたはどのように取り組むのか、だね。①についてはさまざまなことが考えられるけど、日頃からの情報提供と災害や緊急時における素早い救助をあげておいた。②は、①の期待を充足するような取組みを書けばいいね。日ごろからの情報提供については、地域の住民に災害時の行動や知識を伝える取組みを書いておいたけど、書こうと思えばもっといろいろと書けるかもしれない。全体とのバランスを考えて適切な量に抑えよう。災害や緊急時における素早い救助は消防の本分である以上、ある程度自由演技（自由に書ける部分）となる。今回は自分のやってみたい仕事にひきつけて書いてみたよ。

合 格 答 案 例 の レ シ ピ

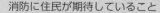

導入部分

消防に住民が期待していること
→ 現状・現況
→ 日頃からの情報提供、災害や緊急時における素早い救助

取組み①

災害時のとるべき行動や知識の指導・普及
・各種訓練の実施
　→ 公助の限界、自助・共助の防災意識を高めていく必要が
　　ある

取組み②

日々の厳しい訓練や研修に励み、救助活動を行う
・ポンプ隊での活動
　→ 後に総合指令室で緊急通報に対応する消防官として活躍
　→ 119番通報の経験

まとめ

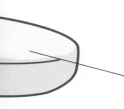

向上心をもって職務を全うする

　　近時、日本各地は大規模な災害に見舞われ、そのたびに多数の被害者が出ている。このような状況下で、消防が住民から期待されていることは、日頃からの情報提供と災害や緊急時における素早い救助の２つである。住民には防災に関する知識が備わっておらず、いざ災害が発生すると逃げ遅れや不適切な行動により要救助者となることが多い。そこで日頃からの情報提供が各人の自助や共助につながると考えらえる。また、素早い救助により一人でも多くの住民の命や財産を守っていくことは消防の本分である。そのためこの点に対する住民の期待は大きいものと考えられる。

　　以上を踏まえ、私は消防官として次のように取り組んでいきたい。第一に、消火訓練や避難訓練、応急救護訓練などの指導を通じて、住民に災害時のとるべき行動や知識を伝えていきたい。なぜなら、公助には限界がある以上、自助・共助の防災意識を高めていく必要があるからである。住民の中には消火器や屋内消火栓などの使用方法を知らなかったり、ＡＥＤ[1]の使用場面を知らなかったりする人が多くいるという。ただ、これは裏を返せば住民各自がこれらのことを適切に理解し知識として身につけておくことで、消防が駆けつけるまでの応急処置により救える命が増えるということを意味している。そのため老若男女を問わず広く住民の参加を呼びかけ、定期的に各種訓練を実施していく必要がある。

[1] ＡＥＤ
自動体外式除細動器のことだよ。

第二に、素早い救助につなげられるよう、日々の厳しい訓練や研修に励み、災害の最前線で救助活動を行っていきたい。私の目標は、ポンプ隊で数多くの現場を経験した後に**総合指令室**[2]で緊急通報に対応する消防官になることだ。**私は以前、父が心筋梗塞で倒れ救急搬送の 119 番通報をしたことがある**[3]。その際パニックに陥っていた私を落ち着かせてくれたのが総合指令室の消防官であった。励ましの言葉と適切な指示に安心と頼もしさを感じたのを今でも覚えている。その時から私は消防官の仕事にあこがれを抱き、今こうして試験に挑んでいる。消防官になった暁には、災害現場での数多くの経験を生かして、助けを求める人々の命を一人でも多く救うため、迅速な対応を心がけていきたい。そして、通報時の緊急状態下であっても住民に対して安心を与え、現場の情報を収集することで迅速な部隊の出動要請につなげられるような存在となっていきたい。

このように、住民の命や財産を守るため、消防官は常に向上心をもって与えられた職務を全うしていくことが大切である。そして、その積み重ねにより住民の期待に真摯に応えていくべきである。

（1054 文字）

[2] 総合指令室
住民からのヘルプを求める通報が入るところだよ。

[3] 私は以前、父が心筋梗塞で倒れ救急搬送の 119 番通報をしたことがある
このように自身のエピソードを交えると、より具体的な答案になるね。

テーマ 10 消防官に求められる資質

例題

消防官として求められる資質とは何か。あなたにはそれが備わっているか、そしてその資質をどのように消防官として生かしていくか、具体的に述べなさい。

ここをCHECK

本問は消防官として求められる資質をあげることから始めなければならない。できれば根拠も添えられるといいね。数としては1つだけあげても構わないし、複数あげても構わないけど、後ろであげた資質が自分に備わっていることを経験に照らして述べていかなければならないので、逆に言うと、経験から実証できないものはあげない方がいいだろう。この点は構成段階でしっかりと検討する必要があるよ。勢いで書いてしまったものの、後で筆が止まる……というのでは元も子もないからね。今回は汎用性があるものとして「責任感」「協調性」「判断力」をあげておいた。そして、経験を述べる中でこれらが自分に備わっていることを積極的にアピールしていくようにしよう。次に「生かし方」だけど、これら3つの資質を生かせる場面を考えていくのがベスト。でも、それが難しかったら消防官の仕事の特徴から流してみるのも手だよ。この点は参考答案の書き方を見て学んでほしい。

合 格 答 案 例 の レ シ ピ

消防官として求められる資質

- 責任感 → 根拠（命を救う仕事）
- 協調性 → 根拠（作業が協力関係で成り立っている）
- 判断力 → 根拠（現場で適切な救助を行う）

資質が備わっているか

- ラグビー部での活動
  → 「責任感」「協調性」「判断力」が備わっていることを実証

消防官としての生かし方

- 責任感
  → 最後まであきらめずに救助活動を行うことに生かす
- 協調性
  → 仲間や上司・部下とのコミュニケーションに生かす
- 判断力
  → 上司の命令に忠実に従い、自己の役割を全うすることに
    生かす

まとめ

一人でも多くの命を救えるよう尽力していく

合格答案例

　私は、消防官が求められている資質として、「責任感」「協調性」「判断力」をあげたい。「責任感」は、消防官が国民一人ひとりの命を救う仕事であるため、絶対的に求められる資質である。また「協調性」は、現場での作業ないし署内での作業が、上司や同僚、さらには部下との協力関係で成り立っていることから求められる資質である。チームで動く消防官の活動にとって、この資質を備えていることは不可欠である。さらに「判断力」は、現場での適切な救助を素早く行うために必要である。人の命が救えるか否かはこの判断力にかかっていると言える。

　私は大学生活4年間を、<u>ラグビー部での活動</u>①に費やし、自己を大きく成長させることができた。
　1、2年生の時は日々の厳しい練習に加え、食事係や洗濯係などを担当することにより、部活動を陰で支えた。3年生の時には、チームキャプテンという大役を担い、監督やコーチとの対話やメンバーへの伝達、後輩への指導などさまざまな仕事を行ってきた。ただ、これらはすべて周りからのサポートがあったからこそ成し遂げることができたことである。一度決めたことは最後までやり通すという強い意志と、他のメンバーの意見を大切にしながら目標を定め、その目標達成に向けてチーム一丸となって努力をした経験から責任感と協調性が身についた。また、練習では攻撃や守備のさまざまなパターンを体にしみこませるべく何度も反復練習を行った。これにより実際の試合でも素早い判断力を発揮することができた。このように、私は、

① **ラグビー部での活動**
資質3つを満たすような書き方をしなければならないので、経験の書き方を工夫しなければならない。エピソードのバリエーションが鍵となる。

　４年間の厳しい部活動に耐え抜いたことで、上記の「責任感」「協調性」「判断力」を養うことができた。

　私は、この**「責任感」「協調性」「判断力」**[2]を消防官として次のように生かしていきたい。まず、「責任感」については、実際に火災や災害が起こった場合に最後まであきらめずに救助活動を行うことに生かしていきたい。消防官にとっての責任感とは人の命の救済を決してあきらめないということである。そして、責任感を強く持ち続けるためには常に訓練時から現場を意識していく必要がある。次に「協調性」についてであるが、消防官の職務はチームで行うため、仲間とのコミュニケーションや上司・部下とのコミュニケーションを円滑に行えるようにしていかなければならない。そこで、日ごろから仲間とは励ましあい、上司の命令には忠実に従うことを心がけていきたい。部下にも積極的に声がけを行う必要が出てくるだろう。最後に「判断力」は、自分一人の独断を意味するわけではない。消防官の活動は組織で行うため、私がこれまで培ってきた「判断力」を、上司の命令に忠実に従い、自己の役割を全うすることに生かしていきたい。一人の小さな判断ミスが大きな全体のミスにつながることを常に意識して行動するべきである。

　以上のように、私は「責任感」「協調性」「判断力」を消防の職務に生かし、火災や災害から一人でも多くの命を救えるよう尽力していきたい。

（1215文字）

[2]**「責任感」「協調性」「判断力」**
一つひとつの場面を明確にして述べていく必要があるね

テーマ 11 住み続けたいまち

例題

　あなたの考える「住み続けたいまち」とはどのようなまちか。また、それを実現するためにはどのような取組みが必要か。

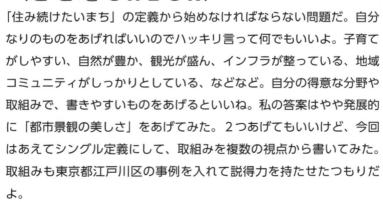

＼ここをCHECK／

「住み続けたいまち」の定義から始めなければならない問題だ。自分なりのものをあげればいいのでハッキリ言って何でもいいよ。子育てがしやすい、自然が豊か、観光が盛ん、インフラが整っている、地域コミュニティがしっかりとしている、などなど。自分の得意な分野や取組みで、書きやすいものをあげるといいね。私の答案はやや発展的に「都市景観の美しさ」をあげてみた。2つあげてもいいけど、今回はあえてシングル定義にして、取組みを複数の視点から書いてみた。取組みも東京都江戸川区の事例を入れて説得力を持たせたつもりだよ。

合格答案例のレシピ

導入部分

私が考える「住み続けたいまち」とは
- 都市景観が美しいまち
    - → 美しい街並みや景色は多くの人を惹きつけるため

取組み①

住民の意識を確認する過程を重視
- まちづくりを行う際には、住民全体を巻き込むプロセスが不可欠
    - → 説明会や公聴会の開催、パブリック・コメントやパブリック・インボルブメントの機会を設ける

取組み②

地方自治体が持つ美しい都市景観について「発信」をし続ける
- 各種SNS、美しい都市景観に関するコンテストに応募
    - → 高い知名度を目指すことが重要
- 内外にPRする
    - → 江戸川区の例

まとめ

内外へのアピールを積極的に行う

　　私が考える「住み続けたいまち」とは、都市景観が美しいまちである。理由は、美しい街並みや景色は多くの人を惹きつけるためである。例えば、美しい都市景観はドラマのロケ地となり、SNSで拡散された結果観光地となるなど、多くのプラスの要因を地域にもたらす。**私は、仮に自分が住む地域にそのような場所があったとしたら**[1]、地域を誇りに思うだけでなく景観資源を将来にわたって見守っていきたいと考えるだろう。一方で、景観を維持することは並大抵のことではない。都市景観が有名になればなるほど、マナーの悪い観光客が訪れる可能性も高くなる。だからこそ、住民への愛着形成とまちづくり活動への積極的な参加が、美しい都市景観を維持するためには必要なのである。では、美しい都市景観を形成し、維持するためにはどのような取組みが必要か、以下に述べる。

　　第一に、住民の意識を確認する過程を重視しなければならない。まちづくりをする際の根拠となる「建築基準法」や「景観条例」などの各関係法令は、住民が理解するにあたって難解な用語が並ぶ。また、まちづくりの実施にあたっては企業や商店街などの利害関係人を軸にした調整が生じる。この場合、行政サイドは一方的に法令や計画、完成図を見せただけでは、話合いが難航しかねない。特に昔ながらの美しい街並みを維持しつつ、新しいまちの資源を作る際には衝突は必至である。そこで、まちづくりを行う際には、住民全体を巻き込むプロセスが不可欠となる。広く住民に対して説明会や公聴会を開くこ

1 私は、仮に自分が住む地域にそのような場所があったとしたら

このような仮定を入れることで自分の意見を述べる際に説得力を持たせることが可能となる。

とはもちろん、**パブリック・コメントやパブリック・インボルブメント②**の機会を設けて、住民の声を積極的に救い上げていく必要がある。それにより、住民同士の利害の対立を可能な限りなくし、まちづくりへの意識を一つにまとめ上げていくよう努力していかなければならない。

第二に、地方自治体が持つ美しい都市景観について「発信」をし続けることが必要だ。各種SNSは言うまでもなく、**美しい都市景観に関するコンテスト③**に積極的に応募し、高い知名度を目指すことが重要である。また、地方自治体の外に対するPRだけでなく、内に対するPRにも力を入れていく必要がある。例えば、東京都江戸川区は、区内の美しい景色を「えどがわ100景」としてカレンダーにして販売しており、地元に住む住民に対して、地域が保有する都市景観のアピールを試みている。このように、外へのアプローチと内へのアプローチの双方向で都市景観のPRを行うことが重要である。

以上のように、私が住み続けたいまちは「都市景観が美しいまち」であり、景観を維持していくための住民の意識が統一されていることに加えて、地元自治体による内外へのアピールを積極的に行うことが、地域の愛着形成につながると考える。

(1140 文字)

---

② パブリック・コメントやパブリック・インボルブメント

パブリック・コメントは意見公募のことで、住民の「意見」を求める手続だ。一方、パブリック・インボルブメントは住民参画のことで、住民に計画策定への「参画」を呼びかける手続だよ。

③ 美しい都市景観に関するコンテスト

国土交通省が毎年実施している「都市景観大賞」が有名だね。都市空間と景観まちづくり活動の2分野があって、それぞれ特徴的な取組みを行い、美しい都市景観を実現している地区を表彰するんだ。

テーマ 12 市が抱えている課題

例題

　〇〇市が現在抱えている課題を２つあげ、その解決策を述べなさい。

ここをCHECK

仮で「〇〇市」としておいたので、ご自身の受験する自治体を思い浮かべて課題を書いてもらいたい。あえて２つと指定したけど、２つが相互に関連していてもいいし、していなくてもいい。参考答案では関連するものを２つあげておいたよ。解決策の方は、人口減少については書くべきことが何となく決まっている受験生が多いはずだ。人口をなるべく減らさないようにする、というアプローチと人口を増やす、というアプローチの２つがあるけど、どちらでも構わない。一方、地域コミュニティについては一通答案として持っておきたいところ。今回の参考答案をベースに自分なりの答案を用意しておくといいよ。ポイントは町内会や自治会の役割に触れることだろうね。歴史的に見て、これらの団体が果たしてきた役割は大きい。それが今崩壊しつつあるという問題意識だね。また、それに代わる交流の場を考えてみることも大切だよ。

合格答案例のレシピ

導入部分

○○市が現在抱えている課題
- 人口減少
- 地域コミュニティの弱さ

取組み①

人口減少
- 地域に若者を呼び込むための取組み
    - → UIJターン
    - → 地方での雇用を促進し、あわせて住居の提供を行う

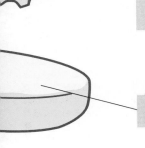

取組み②

地域コミュニティの弱さ
- 町内会や自治会の加入率を向上させる取組み
    - → 町内会や自治会は共助の担い手
- 住民同士の交流の場をより多く提供していく
    - → 今後はより魅力的な交流の場を作り出していく（生涯学習や農業体験、リカレント教育など）

まとめ

住民と協働して地域の発展のために対策を講じる

合格答案例

　　○○市が現在抱えている課題は、人口減少とそれに伴う地域コミュニティの弱さである。人口減少により若い世代がいなくなると、地域の担い手が不足し、まち自体が衰退していってしまう。また、地域コミュニティの弱さはそのまま共助の脆弱性につながる。例えば、日々の生活の中で孤立する高齢者が増えたり、災害時に逃げ遅れて命を落とす人が増えたりすることが予想される。公助の限界が指摘されている今、共助を上手く活用して地域の結束力を高めていく必要がある。以下、これらの課題に対する解決策を具体的に述べる。

　　第一に、人口減少という課題については、地域に若者を呼び込むための取組みを行っていかなければならない。具体的には、UIJターンの促進である。若い世代には田舎暮らしを希望する者も多くおり、このような潜在的なニーズに応えるためにも地方での雇用を促進し、あわせて住居の提供を行うことで移住・定住を後押ししていくべきである。現在も「**移住コーディネーター[1]**」が地方での生活を希望する者に対してサポートを行っているが、今後はニーズが多様化していくことが予想されるため、よりきめ細やかな支援が求められるようになるだろう。特に生活や仕事に対するささいな疑問や不安にまで丁寧に答えていくことが必要だ。

　　第二に、地域コミュニティの弱さについては、まず地域コミュニティの核となる**町内会や自治会[2]**の加入率を向上させる取組みが必要である。町内会や

[1] 移住コーディネーター

移住者を地域に受け入れる仲介役。移住・定住希望者への支援業務を行う。空き家相談や情報発信だけでなく、移住関連イベントへの参加なども行う。

[2] 町内会や自治会

ある区域に住む人の集まりで、地域的課題を解決し、地域のつながりと連帯感をつくりだす助け合いの団体。つくるもつくらないも自由だし、強制加入でもないんだ。だから加入しない人も多いよ。

自治会は共助の担い手であり、これまで地域的な課題を解決する際に大きな役割を果たしてきた。しかし、近年はこれらの団体への加入率が減少傾向にあり、活動自体も停滞しつつある。そこで、今一度町内会や自治会の活動の意義を社会に広く伝え、新たな居住者に対して加入を呼びかけ、既存の会員に対しても活動への積極的な参加を呼びかけていく必要がある。次に、住民同士の交流の場をより多く提供していくべきである。現在でも祭りやスポーツ大会、防災訓練、地域清掃活動などの各種催しは行われているが、今後はより魅力的な交流の場を作り出していくことが参加率を高めるためには大切である。**例えば**[3]、趣味を基調とした生涯学習や農業体験、リカレント教育など、多くの人が満足感を得たり付加価値を感じたりできるようなイベントを後押ししていくべきである。このような取組みを行うことで地域の枠を超えた交流も可能となるため、より広域的な地域コミュニティの形成にもつながる。

　このように、人口減少の勢いを抑え、地域コミュニティの形成に努めることで、○○市の持続可能性を高めていくことができる。今後も行政は住民と協働して地域の発展のためにあらゆる対策を講じていかなければならない。

（1108文字）

[3] **例えば**
イベント系の記述は具体例を示すようにしよう。

テーマ 13 「働く」とは

例題

あなたにとって「働く」とはどのようなことか。また働く際にはどのようなことを心がけていきたいか。

ここをCHECK

本問はいわゆる抽象的な設問パターンだ。「働く」とは？　といきなり聞かれて困ることのないように、事前にある程度のことは用意しておいた方がいいね。ポイントは先に自分にとっての「働く」意義を明らかにすること。ここを抽象的にしてしまうと論述の展開も非常に抽象的になってしまうよ。具体的に論ずることが難しそうなテーマほど、この点は意識していく必要がある。後段の「心がけ」も非常に書きにくいね。自己の経験などを盛り込みながら具体性を持たせるように努力してもらいたい。

合 格 答 案 例 の レ シ ピ

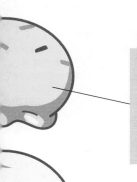

「働く」とはどのようなことか

- 社会に貢献すること
    - → 今まで自己が学んできたことや経験してきたことを地元のために還元していくこと
- 自己を成長させること
    - → 地元をより活性化させたり、住民ニーズに柔軟に対応したりしていくための行動を意味する

働く際の心がけ①

- チームの和を大切にするよう心掛けていきたい
    - → 特に「報告、連絡、相談」の3つの基本姿勢を意識

働く際の心がけ②

- 周囲に困っている人や悩んでいる人がいた時には、自分から声をかけて相談に乗るようにしていきたい

まとめ

チームの和を大切にすることで市の発展や住民の暮らしを豊かにできるよう努める

合格答案例

　　私にとって「働く[1]」とは、２つの意義がある。具体的には社会に貢献することと自己を成長させることの２つである。まず、前者における社会貢献のあり方は人それぞれであるが、私にとっての社会貢献とは、今まで自己が学んできたことや経験してきたことを地元のために還元していくことである。学業から得た知見だけでなく、地域ボランティアで学んだことや感じたことも含めて、地元〇〇市の発展のために役立てていきたい。例えば、昨年秋に行われた農業ボランティアに参加した際には、後継者不足に悩まされている農家の現状を見た。この経験から私は、市の職員として就農者と農家をつなぐ役割を果たし、農業人口の維持・増加に貢献していきたいと考えている。一方、自己を成長させることは、単に自分の利益を追求することを意味するのではない。地元をより活性化させたり、住民ニーズに柔軟に対応したりしていくための行動を意味している。そのため、仕事に就いてからも学ぶ姿勢を忘れずに知識の吸収に努めていきたい。例えば、複雑な行政手続を分かりやすく住民に伝えられる説明力を身につけたり、自己が今まで関わってきたことのない分野に挑戦したりするなどである。

　　次に、私は働く際にチームの和を大切にするよう心掛けていきたい。なぜなら、物事を円滑に進めるには周りとの協調性が大切になるからである。その中でも私は特に「報告、連絡、相談[2]」の３つの基本姿勢を意識していきたい。私は以前アルバイトでわからな

[1] 働く
自分なりでいいので、定義化する。今回は一般的なものをあげておいたが、端的に表現できるものであれば何でもいい。自立することや経験を積むこと、などをあげる人も多いね。

[2] 報告、連絡、相談
報・連・相（ほうれんそう）などという場合もあるね。組織で円滑に仕事を進める際の基本とされる。

いことや疑問に思ったことを周りに質問せずに自己解決をした結果、**大きなミスにつながった経験がある**③。それ以降、周囲に迷惑をかけてしまったことを反省し、些細なことでも周りに相談することで情報の共有に努めてきた。職員になってからも、私のミスや周りのミスが全体のミスにつながることのないよう、周囲の職員と連携を密にとって仕事を進めていきたい。

また、周囲に困っている人や悩んでいる人がいた時には、自分から声をかけて相談に乗るようにしていきたい。チームの一員として一緒に仕事をしていくためには、いいことばかりではなく、辛い局面もともに乗り越えていかなければならないからだ。

このように、私は職員になってからもチームの和を大切にして市の発展や住民の暮らしをより豊かにできるように努めていきたい。

(951文字)

③ **大きなミスにつながった経験がある**

場合によってはこの部分をもっと具体的に示してもいい。マイナス面を明らかにすることでその対処法も説得的になるからだ。

み

テーマ 14 「リーダーシップ」とは

例題

「リーダーシップ」とは何か。自身の経験や生かし方などを踏まえて考えを述べなさい。

＼ここをCHECK／

本問は、リーダーシップを題材にした抽象的な問いとなっているよ。リーダーシップの定義は一般的なものはあれど、できれば自分自身の考えるリーダーシップを提示したいところ。今回は「フォロワーの協力を取り付ける力」という定義をしておいたけど、これ以外にも多数あると思われるので一度ご自身で考えてみるといいだろう。そのうえで、経験を添えることが大切だよ。ご自身がリーダーの経験をしたことがあるのであれば、それを述べればいいし、フォロワーの経験からあるべきリーダーシップを言及するのでもいい。そして、最後に行政の場面における生かし方などを述べておけば答案としては締まるだろうね。

合 格 答 案 例 の レ シ ピ

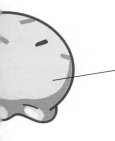

リーダーシップの定義

- 一般的な定義、自分なりの定義
  - → 集団の中でフォロワーの協力を取り付ける力

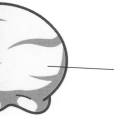

経験

- 映画館でのアルバイト（時間帯責任者の経験）
  - → 各セクションリーダーとのコミュニケーション
  - → 学んだことから方針の変化へ

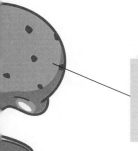

生かし方

- 具体例と理由を示す
- 地域の課題を解決する際に住民の協力を取り付ける
  - → 住民の意思・意見を把握・反映したうえで、関係部署の
    協力を取り付ける指導力を発揮していく

まとめ

日々の業務を通してリーダーとしての資質を身につける

合格答案例

リーダーシップとは一般に、**目標達成に向けて周囲を導く統率力**[1]であると言われる。それゆえリーダーには、目標設定とその達成に向けた指導性が必要となるが、これらを発揮するためにはフォロワーの協力が必要不可欠である。というのも、リーダーシップは人間関係の中で生まれ、特に集団の中でこそ発揮されるものであるからだ。そこで、私の考えるリーダーシップとは、集団の中でフォロワーの協力を取り付ける力である。このことはアルバイトを通じて強く実感することができた。

私は大学2年生の時から映画館でアルバイトをしている。その中で私は昨年から時間帯責任者を任されている。時間帯責任者の役目は主にアルバイトスタッフの時間管理と各セクションに対する指示だ。映画館はその性質上、会場設営、飲食物の提供、観客の誘導などといった各セクションが連携しないと仕事がうまく回らない。そこで、私は責任者として各セクションがうまく連携できるように、さまざまな取組みを行った。その中で特に私が力を入れたのは、**各セクションリーダーとのコミュニケーション**[2]である。なぜなら、以前各セクションの事情をあまり考慮せずに指示を出したことが原因で連携が取れず、上映開始時間が遅れてしまったことがあるからだ。この経験から学んだことは、周囲との協力を取り付けることができないと、いくら目標を設定し、それに向かって統率しようとしても独りよがりで終わってしまうという

[1] 目標達成に向けて周囲を導く統率力

ほかにも、決断力や行動力などもリーダーシップと言える。

[2] 各セクションリーダーとのコミュニケーション

調整型のリーダーシップのイメージだね。

ことである。それ以降、私は各セクションリーダーからの報告・連絡・相談を受け、状況をしっかりと見極めてから指示を出すように方針を変えた。これにより、各セクションとの円滑な情報共有が可能となり、映画館業務を滞りなく進行するという本来の目標を達成することができるようになった。

　このようなリーダーシップは、行政の仕事でも生かされるだろう。例えば、地域の課題を解決する際には、住民に対してビジョンを示すことはもちろん、彼らの協力を取り付けることが大切である。地域の課題を行政の力だけで解決するのは不可能であること、そして住民の理解がないと課題解決の大義を見失いかねないことなどがその理由である。解決すべき地域的課題の大きさはさまざまであるが、いずれにしても行政内部の一方的な意思決定だけに頼っていてはいずれひずみが生まれるだろう。そこで、行政としては住民の意思・意見をしっかり把握・反映したうえで、関係部署の協力を取り付ける指導力を発揮していかなければならない。

　今後、地域における課題がますます複雑多様化していく中で、行政がリーダーシップを発揮する場面は多くなってくることが予想される。私自身としても、適切なリーダーシップを発揮し、地域の課題解決に役立てるよう、日々の業務を通じてリーダーとしての資質を身につけていきたい。

（1152文字）

テーマ 15 「正義感」とは

要CHECK!

☐ 市役所
☑ 警察
☐ 消防

例題

あなたが思う正義感とは何か、それを今後、警察官としてどのように実現していきたいかを述べなさい。

[警視庁 平成 30 年度]

ここをCHECK

本問は警察官の試験でよくある「正義感」や「倫理観」に関する問題だよ。しかし、意外と難しいのでほとんどの受験生の筆が止まる。ただ、あらかじめ用意しておけばある程度パッと書けるかもしれないね。一般的な正義感・倫理観を聞いているのか、警察官としての正義感・倫理観を聞いているのかで若干書き方が変わってくるかもしれないけど、警察官の正義感・倫理観であれば、「警察職員の職務倫理及び服務に関する規則」を参考にするといいかもしれない。ただ、抽象的なワードが並んでいるので、これをどこまで自分のものとして具体化できるかが勝負のカギとなる。経験や自分の特徴を織り交ぜて自分事にひきつけて論証するのがいいのではないだろうか。今回の答案はそのように書いてみたよ。

合格答案例のレシピ

正義感とは

- 正義感の一般的な定義、警察官における定義
  - → 規則や規律を守って職務にあたること
  - → 犯罪に対して毅然とした態度で立ち向かうこと

実現方法①

- 規則や規律を守る
  - → 部活動（野球）の経験から規則や規律の大切さを学んだ
  - → チーム全体の士気を高めたり、団結力を高めたりする効果
  - → 警察官として規則や規律を守ることで、自分自身を律し、誇りをもって職務にあたれるようになる

実現方法②

- 犯罪に対して毅然とした態度で立ち向かう
  - → 自己の特徴（自分に厳しく、他人に甘い）
  - → 欠点を直すべく、日頃から小さな行動を積み重ねる

まとめ

住民の信頼にこたえられるよう職務を全うする

合格答案例

　　正義感とは、社会における不正をただし、共通善に従って行動することである。そもそも正義とは、人間社会において実現されるべき究極的な価値を意味し、一般的にそれは法という形で具現化されていることが多い。それゆえ、法に従って善悪を分別し、正しいと判断したことを最後まで貫き通すことが大切である。もっとも、警察官は社会の安心・安全を守ることで、人々へ貢献する仕事である。そこで、社会秩序を重んじると同時に、決して悪に屈しないことが求められる。具体的には、規則や規律を守って職務にあたることや、犯罪に対して毅然とした態度で立ち向かうことなどが私の思う正義感である。そこで、以下それぞれについて警察官としてどのように実現していくかを述べる。

　　まず、私はこれまで部活動やアルバイトで、規則や規律の大切さを学んできた。特に部活動では、野球という集団スポーツを通して、規則や規律がチーム全体の士気を高めたり、団結力を高めたりすることに役立つことを肌で感じてきた。メンバー全員が規律を厳正に保持し、相互の連帯を強めることで、チームの目指すべき方向が定まり、結果的に試合にも勝てるようになった。このような経験から、私は警察官としても、規則や規律を厳正に守ることで、自分自身を律し、誇りをもって職務にあたれるように努めていきたい。そして、規則や規律を守ることが、ひいては人権を尊重し、公正かつ適切に職務を執行することへとつながる[1]と考える。

[1] 人権を尊重し、公正かつ適切に職務を執行することへとつながる

最終的にはこれらに資する。ここまで指摘できる人はなかなか少ないと思うけど、どの公務員にも共通する理念だよね。

86

次に、犯罪に対して毅然とした態度で立ち向かう点についてであるが、私の特徴として「自分に厳しい」という点をあげることができる。しかしその反面、他人に厳しく接することができないという弱みもある。部活動では、試合においてメンバーのミスを指摘できず、本人から「厳しく指摘してくれ」と言われてしまったことすらある。警察官は不正をただすことはあっても、決して不正を許すことがあってはならない。そして、一人の甘さが組織全体に不名誉をもたらし、地域や住民の安全を脅かすことにもなりかねない。そこで、私はこの欠点を直すべく、日頃から小さな行動を積み重ねていきたい。**例えば[2]**、自分が正しい時には根拠を示してはっきりと自分の意見を伝えるようにすることや、できないことはできないと断ることなどである。他人に対して厳しい態度をとることは決して気持ちのよいものではないが、これらの努力をせずに犯罪に屈しない正義感と強い精神力を養うことは不可能である。

このように、私は正義感を実現するために、警察官として規則や規律をしっかりと守り、毅然とした態度で悪と向き合い続けていきたい。これらを意識することで、一日でも早く住民の信頼にこたえることができるよう全力で職務を全うしていきたい。

(1128 文字)

[2] 例えば
「行動」というワードを出した以上具体例を示す必要があるね。

テーマ 16 頑張ってきたこと

例題

　あなたがこれまで頑張ってきたことを○○市の職員としてどのように生かしていくか、具体的に述べなさい。

＼ここをCHECK／

自己の経験をどう生かすのか、というド典型問題だ。面接カードにもこの手のことは書くので、論作文で考えておくと面接対策にも役立つ。特に生かし方は場面をなるべく具体的に示すことが大切だね。抽象的にならないように、自分の頭で思い浮かぶものを書く姿勢を身につけよう。ある意味自由作文的なテーマなので、文章力がもろに試されると言ってもいい。それゆえ、文章破綻だけは注意して書くことが重要だよ。

合格答案例のレシピ

これまで頑張ってきたこと

- 塾でのアルバイトにおける工夫
  - → 個人カルテの読み込みを徹底
  - → 生徒一人ひとりの性格や学習度合いにあわせて教材を使い分けた
- 身につけることができた力
  - → 課題に対して自らの頭で考え実行する力
  - → 一人ひとりにあわせた柔軟な対応力

生かし方①

- 課題に対して自らの頭で考え実行する力
  - → ○○市の現在抱えている人口減少問題の解決に役立てる

生かし方②

- 一人ひとりにあわせた柔軟な対応力
  - → 普段の窓口業務や各課における住民や事業者との対話などに生かす

まとめ

培ってきた力を生かして、住民からの信頼を得る

合格答案例

私がこれまで頑張ってきたことは、**塾でのア
ルバイト**[1]である。私は大学1年生の時から現在
に至るまで塾講師のアルバイトをしている。当初
個別指導の形態になかなか慣れることができなかったた
め、他の講師に比べて固定の生徒を任されるまでに時間が
かかった。現在は総勢8名の生徒を担当しているが、ここ
に至るまでにさまざまな工夫を凝らしてきた。

まず、個人カルテの読み込みを徹底した。当時の私は固定
の生徒を担当するのではなく、決まった時間帯で指導を希望
する2人をランダムに担当していた。そこで、それぞれの生
徒につき前回担当した講師がどこまでの範囲を教えたのかを
指導前日に確認し、その日のうちに翌日の指導内容を決めて
おくようにした。これにより、当日の限られた指導時間を有意
義に使うことができた。さらに、無駄を徹底的に省くことによ
り、生徒一人ひとりの弱点やつまずいているポイントを把握
することができるようになった。そして、次回に向けての課題
や改善点を自己の振り返りノートにその都度書き込んでいっ
た。また、生徒一人ひとりの性格や学習度合いにあわせて教
材を使い分けた。基礎的な部分に不安のある生徒に対して
は学校で配られているワークブックを中心に演習を行い、学
習が進んでいる生徒に対しては入試問題などを積極的に扱っ
た。その際、生徒との対話を通じて理解度の把握に努めた。

このような地道な取組みによって、少しずつではあるが生
徒の側から指名が入るようになり、固定の生徒を担当する機
会を増やすことができた。私は、この経験を通じて、課題に
対して自らの頭で考え実行する力と一人ひとりにあわせた柔

---

[1] 塾でのアルバイト

ここは本問で点数
が振られているの
で具体的に述べる
必要があるね。

軟な対応力を身につけることができた。これらのことを私は○○市の職員として次のように生かしていきたい。

まず、課題に対して自らの頭で考え実行する力は、○○市の現在抱えている人口減少問題の解決[2]に役立てていきたい。例えば、人口減少に対するアプローチとしては、人口を維持する取組みと、少ない人口でも効率的に行政サービスを提供する取組みの2つを考えていかなければならない。この両者を実現することで持続可能な行政運営を実現できると考えるからだ。他の自治体の成功事例を参考にしつつも、○○市にあったよりよい施策を考えていく際に、私の自らの頭で考え実行する力が生きると考える。また、市の現状をしっかりと踏まえたうえで、前例にとらわれない積極的な取組みにも果敢にチャレンジしていきたい。

[2] 人口減少問題の解決

ここはそれぞれの市が抱えている固有の課題をあげられるといいね。今回は汎用性を持たせるために人口減少問題を選んでおいた。

次に、一人ひとりにあわせた柔軟な対応力は、普段の窓口業務や各課における住民や事業者との対話[3]などに生かしていきたい。窓口業務ではさまざまな行政手続を素早く的確に処理していかなければならない。また、行政手続は複雑で分かりにくいものも多い。そこで、住民の不安を少しでも解消できるよう、分かりやすく丁寧に対応することを心がけていきたい。一方、各課では実際に現場で住民や事業者の方と対話をする機会が多いと聞く。そこで私は、どんな些細な声に対しても耳を傾け、よりよい行政サービスにつなげられるよう主体的に対応していきたい。

[3] 普段の窓口業務や各課における住民や事業者との対話

生かせる場面をできる限り具体的に書けるといいね。もっと突っ込んで書いてもいいよ。

このように私は、これまで培ってきた力を十分に生かし、一日でも早く住民から信頼される市職員になるため、日々研鑽を積んでいきたい。

（1326 文字）

テーマ 17 ｜ 長所

例題

　あなたに備わっている長所と、それを行政の職員としてどのように生かしていくかについて述べなさい。

ここをCHECK

本問は、長所をあげて、それを行政の職員としてどのように生かしていくのかを淡々と記述していく形式だ。面接でもよく聞かれる事項なので、一度は考えておかなければならないテーマと言えるね。あげる長所は１つでも２つでも構わない。ただ、２つあげると生かす場面も２つ書くことになるので（必ずそうしなければならないわけではないが……）、分量がかさむ。よって、構成段階で分量の見通しはつけておいた方がいいね。長所はエピソードを添えなければならないので、ご自身のどのエピソードが書きやすいのかを長所との関連で考えておくといいよ。

合 格 答 案 例 の レ シ ピ

私に備わっている長所

- 計画性があるところ
- 長期的視点で物事を考えられるところ
  - → ラーメン屋のオープンスタッフのエピソード
  - → この長所は、現在も大学における研究活動に生かされている

生かし方①

- 計画性があるところ
  - → 日々の事務的な業務に生かしていきたい
  - → スケジューリングの工夫

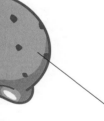

生かし方②

- 長期的な視点で物事を考えられるところ
  - → 持続可能なまちづくりに生かしていきたい

まとめ

長所を役立て、業務を一つひとつ計画的かつ長期的な視点で行う

　　私に備わっている長所は、計画性があるところと長期的な視点で物事を考えられるところである。この2つの長所は大学1年次から続けているアルバイトで身につけてきたものである。私は大型ショッピングモール内に併設されているラーメン屋でオープニングスタッフとして勤務してきた。当初は店に運営に関するマニュアルがなかったため、スタッフ相互の連携がとれず、作業に無駄が生じていた。そこで、私は店長に店舗運営のマニュアルを作成することを提案し、一日の動きから月間の達成すべき売上げ目標までを細かく整理してスタッフ全員に配布した。**途中、一部のスタッフから分かりづらいと指摘された**①が、粘り強く修正を重ねることで理解を得た。これにより店舗の目指すべき方向性とスタッフ一人ひとりのやるべきことが明確になったため、意思の統一と業務効率の向上に貢献できたと考えている。また、その後私は、毎月の売上げ目標を達成するため、ビッグデータを使った分析業務を任されるようになった。そこで私が心がけたのはデータから読み取れる現状と将来の見通しを店長に分かりやすく説明することであった。特に将来の見通しを説明する際には、目先の利益にとらわれず、年間の目標達成に必要な行動を提言するように心がけた。

　　このような経験から、私は計画を立てることの大切さと結果を出すためには長期的な視点で物事を考える姿勢が大切であることを学んだ。この長所は、現在も大学における研究活動に生かされている。私は環境経済学の研究室に所属し、環境問題を経済的観点から考察しているが、卒業研究を行う際の仮説設定や実証プロセスの選択・実行に計画

① 途中、一部のスタッフから分かりづらいと指摘された
途中の困難を書くことで論述に深みが出るよね。

性が大いに役立っている。また、行き詰まった時にも長期的な視点で研究を捉えることでストレスをあまり感じることなく実験に取り組むことができている。

　　私は、このような長所を今後行政の職員として次のように生かしていきたい。まず、計画性のあるところは、日々の事務的な業務に生かしていきたい。一日単位、週単位、月単位でスケジュールを考え、やるべきことに優先順位をつけて取り組むことが大切だ。そして、計画を各単位に分けることで、ちょっとしたイレギュラーが生じた時にも柔軟にリスケジュールをして対応することが可能となる。さらに、計画をしっかりと立てることで締め切りの近い案件などを後回しにする事態を防ぐことができる。

　　次に、長期的な視点で物事を考えられるところを、持続可能なまちづくりに生かしていきたい。短期的に見るとデメリットが大きくても、長期的に見ればメリットが大きいことは世の中にたくさんある。例えば、「A」という事業を立ち上げる際₂に、初期費用が多くかかっても、その費用を２年で回収できるのであればチャレンジする価値はあるだろう。このような長期的な視点で物事を考える姿勢は持続可能なまちづくりにとって欠かせない。また、長期的な視点で物事を考えることで、多くの住民の声や意見を取り入れやすくなる。成果を急ぎすぎず住民との協働により地域の課題を一つひとつ解決していく姿勢が大切だ。

　　このように、私は自身の有する長所を地域の発展や住民の生活レベルの向上に役立ててきたい。そのためにも日々の業務一つひとつを計画的にかつ長期的な視点に立って行っていきたい。

(1345 文字)

₂「A」という事業を立ち上げる際
このように仮に事業を設定することで主張をふくらませることも一つの手だね。

テーマ 18 達成感を得た経験

要CHECK!
- ☑ 市役所
- ☑ 警察
- ☑ 消防

例題

　過去に達成感を得た経験と、その経験を警察官としてどのように生かしたいかを述べなさい。

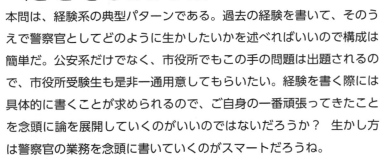

ここをCHECK

　本問は、経験系の典型パターンである。過去の経験を書いて、そのうえで警察官としてどのように生かしたいかを述べればいいので構成は簡単だ。公安系だけでなく、市役所でもこの手の問題は出題されるので、市役所受験生も是非一通用意してもらいたい。経験を書く際には具体的に書くことが求められるので、ご自身の一番頑張ってきたことを念頭に論を展開していくのがいいのではないだろうか？　生かし方は警察官の業務を念頭に書いていくのがスマートだろうね。

合 格 答 案 例 の レ シ ピ

過去に達成感を得た経験

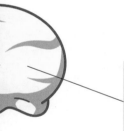

- サッカーの経験
    - → ゲームキャプテンの経験
    - → 練習への参加の呼びかけ、ミーティング時の課題発表、反省ノートでの振り返りを提案
    - → チームの結束を高める一助になった点に達成感

生かし方

- 得られたものは粘り強さ
    - → 警察官として市民に対して地道に呼びかけ、犯人検挙に向けて取り組む（具体例へ）
    - → 市民の声に耳を傾け、犯人検挙につなげる

まとめ

粘り強さを日々の職務に生かし、安心・安全を守る

合格答案例

私は、小学2年生から現在に至るまで、サッカーをしている。特に**高校生の時**[1]は部活動で県ベスト8を目指し、毎日欠かさず練習に励んでいた。私たちのチームには顧問がおらず、練習メニューの考案から練習試合の設定まで、そのすべてを部員が担っていた。その中で私はゲームキャプテンを任されていたが、当時のチームでは練習への参加率がとても低いことが問題視されており、そのせいで日頃からメンバー間の意思統一を図ることができずにいた。試合でも息が合わずに簡単なミスを連発したり、試合中に言い争いになったりするなど、フラストレーションのたまる場面がたくさんあった。

そこで、私は練習への参加を皆に呼びかけるとともに、練習前のミーティングで一人ひとりに課題を言ってもらい、その課題につき練習後に反省ノートで各自振り返るという試みを提案した。最初は反発する部員やいやいや従う部員が多かったが、継続して粘り強く働きかけることでこれらを徐々に習慣化することに成功した。中には共通の課題に対して一緒に取り組む者や、反省に対して意見する者も現れはじめ、チーム全体のコミュニケーションの機会を増やすことができた。結局、県ベスト8というチームの目標は達成できなかったが、それ以上に私の継続的な取組みがチームの結束を高める一助になったことに大きな達成感を得た。

1 高校生の時
何も大学生の時のことだけに固執しなくてもいいよ。自分が一番頑張ってきたことにフォーカスしよう。

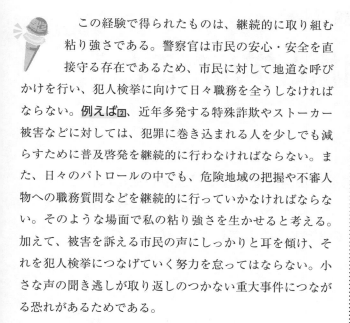

　この経験で得られたものは、継続的に取り組む粘り強さである。警察官は市民の安心・安全を直接守る存在であるため、市民に対して地道な呼びかけを行い、犯人検挙に向けて日々職務を全うしなければならない。**例えば** 2、近年多発する特殊詐欺やストーカー被害などに対しては、犯罪に巻き込まれる人を少しでも減らすために普及啓発を継続的に行わなければならない。また、日々のパトロールの中でも、危険地域の把握や不審人物への職務質問などを継続的に行っていかなければならない。そのような場面で私の粘り強さを生かせると考える。加えて、被害を訴える市民の声にしっかりと耳を傾け、それを犯人検挙につなげていく努力を怠ってはならない。小さな声の聞き逃しが取り返しのつかない重大事件につながる恐れがあるためである。

　以上のように、私は部活動の経験で培ってきた粘り強さを警察官になってからも日々の職務に生かしていきたい。この積み重ねによって、一日でも早く、まちの安心・安全を守る地域に根差した警察官になっていきたいと思う。

（995文字）

2 例えば
ここをどこまで充実させることができるかが勝負の分かれめ。警察官の職務にひきつけて書くといいよ。

テーマ 19 目標と学んだこと

例題

これまでにあなたが目標を掲げて「達成したこと」と「失敗したこと」について述べた上、その経験から学んだことを警察官としてとのように活かしていきたいか述べなさい。

[警視庁 H29 第 2 回]

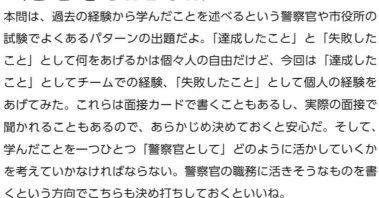

ここをCHECK

本問は、過去の経験から学んだことを述べるという警察官や市役所の試験でよくあるパターンの出題だよ。「達成したこと」と「失敗したこと」として何をあげるかは個々人の自由だけど、今回は「達成したこと」としてチームでの経験、「失敗したこと」として個人の経験をあげてみた。これらは面接カードで書くこともあるし、実際の面接で聞かれることもあるので、あらかじめ決めておくと安心だ。そして、学んだことを一つひとつ「警察官として」どのように活かしていくかを考えていかなければならない。警察官の職務に活きそうなものを書くという方向でこちらも決め打ちしておくといいね。

合 格 答 案 例 の レ シ ピ

達成したこと

- ゼミナールにおける合同研究発表
  - → 周囲と協力することの大切さを学んだ

失敗したこと

- 高校時代における陸上部での記録更新のチャレンジ
  - → 他人の客観的な意見に耳を傾ける姿勢の大切さを学んだ

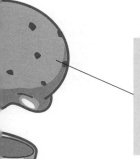

警察官としてどのように活かしていきたいか

- 周囲と協力することの大切さ
  - → 警察学校での研修や日々の職務において、苦しい時を乗り越える際、あるいは円滑に物事を進める際に活かす
- 他人の客観的な意見に耳を傾ける姿勢の大切さ
  - → 自身の警察官としての資質を高め、仕事のスキル向上に活かす

まとめ

警察官として自己を成長させ、地域の安心・安全を守れるように努力する

合格答案例

これまでに私が目標に掲げて「達成したこと」は、ゼミナールにおける合同研究発表である。私は大学三年次に所属していたゼミナールにおいて、ゼミナールを代表して、グループで論文を作成し、学会で発表するという機会を得た。今後の人生で経験することのできない貴重な機会と捉え、自ら参加することを決めた。グループは私を含めた有志6名で構成されており、入賞することを目標に取り組むことになった。研究を進めるにあたり先行研究を調べたが、参考となりそうなめぼしい事例がなかったため、独自にアンケート調査を行うこととなった。しかし、調査法や対象となるサンプルの選定をめぐりグループ内で意見の対立が起きた[1]。私はメンバー間で研究の目的を再確認し、そのうえで入賞を狙うために風変わりな調査法やサンプル選びを提案し、皆からの了承を得た。他のメンバーが忙しい時には私が作業を請け負ったり、逆に私が忙しい時には他のメンバーに代わりを頼んだりするなど、皆で協力して作業を進めた。そのかいもあって無事研究発表までこぎつけ、6位入賞を果たすことができた。

この経験から学んだことは、周囲と協力することの大切さである。一人ではできないことも、他者と協力すれば成し遂げられることを学んだ。

一方、「失敗したこと」は、高校時代における陸上部での記録更新のチャレンジである。私は短距離走が専門であったが、記録の伸び悩みに苦しむ時期が多く、結果的に自己ベストを伸ばすことができな

[1] 意見の対立が起きた
進めるうえでの困難を示すことは大切だ。

かった。その敗因は筋力バランスの課題を克服できなかったことにある。思い返せばそもそもの失敗は練習メニューを作る際に顧問のアドバイスを軽視したことにあった。顧問は私の上半身の筋力強化を勧めてきたが、私はそれを軽視してしまったのである。これにより後半の伸びがほぼ抑制され、結果的に記録更新がかなわなかった。この経験から学んだことは、**他人の客観的な意見に耳を傾ける姿勢の大切さである**②。

これらの経験で学んだことを私は警察官として、次のように活かしていきたい。まず、周囲と協力することは、警察学校での研修や日々の職務において、苦しい時を乗り越える際、あるいは円滑に物事を進める際に活かしていきたい。組織で一つの目標を実現するためには自身の役割をよく把握し、他者とのコミュニケーションをとる中で協力体制をしっかりと構築していかなければならないからだ。また、他人の客観的な意見に耳を傾ける姿勢は、自身の警察官としての資質を高め、仕事のスキルを向上させる際に活かしていきたい。自分の思い込みで失敗を繰り返すことは、周りに迷惑をかけることにもつながり、ひいては住民の期待にも応えられないという事態を招くだろう。先輩や同僚のアドバイスを真摯に受入れ、柔軟に物事に対応できる力を養うためにも他人の意見に耳を傾ける姿勢は重要であると考える。

このように、私は上記2つのことを意識しながら警察官として自己を成長させ、地域の安心・安全を守れるように努力していきたい。

（1229文字）

② 他人の客観的な意見に耳を傾ける姿勢の大切さである

失敗から学んだこともしっかりと書こう。配点があるからだね。

テーマ 20 失敗と成長

例題

　失敗に学び成長した経験と、その経験を警察官としてどのように活かしていきたいか述べなさい。[警視庁 平成30年度]

＼ここをCHECK／

本問は、経験系の出題の中で一番多い、失敗に学び成長した経験を述べる問題である。失敗や困難などは本当によく出題される。これは何も公安系に限った話ではなく、市役所などでも出題されている。そういった意味で一通ひな型を持っておく価値があるだろう。本問に解答する際のポイントは、経験の選別にある。つまり、単に失敗した経験ではなく、自己の成長につながった経験を書く必要があるわけだ。具体的かつ説得的に書ける自信のあるものを選ばなければならない。今回の答案ではやや変則的にボランティア活動をあげてみた。20年前の実際の自分を思い出して書いてみたので参考にしてもらいたい。

合 格 答 案 例 の レ シ ピ

失敗に学び成長した経験

- 不登校支援のボランティア
  - → 自分の考えを押し付けて失敗
  - → 先輩の助言や職員の仕事ぶりを研究
  - → 気を付けていたこと2点

警察官としてどのように活かしていきたいか

- 失敗しても改善するための行動を継続することで自信に変わる
  - → 生活安全警察の分野で活かす
  - → 詐欺やひったくり、痴漢などの被害を減らす
  - → 改善のための努力を続けることで住民からの信頼を獲得する

まとめ

地域住民と一体となって犯罪の起こりにくいまちづくりに貢献

合格答案例

私は、さまざまな事情で不登校になってしまった子どもたちを学習面からサポートしていきたいと考え、大学1年生から現在に至るまで、地元の○○市で不登校支援のボランティアをしている。今でこそやりがいを持って支援に取り組めているが、**最初は子どもとの接し方がよく分からず、担当を外されてしまったことがある**[1]。原因は子どもの意見に耳を傾けることをせずに、自身の考えを一方的に押し付けてしまったことにある。担当の変更希望が保護者の意向であったことがとてもショックであった。しかし、その後、自身のこのような姿勢を改めるために先輩たちからの助言を参考にしたり、職員の方々の仕事ぶりを研究したりする中で、徐々に自分なりの接し方を身につけていくことができた。習得した接し方はさまざまあるが、その中でも特に気を付けていた点は次の2点である。まずは子どもたちの悩みを真摯に聞くことである。次に彼らの個性を否定しないことである。これらを意識することで、徐々にではあるが円滑にコミュニケーションをとることができるようになった。現在は3人の子どもを担当しており、日々彼らの成長を見守ることができている点に大きなやりがいを感じている。

私はこの経験から、一度失敗しても自身の悪い点を真摯に見つめ直し、それを改善するための行動を継続することで自信に変えていくことができると学んだ。私は警察官になってから、生活安全警察の分野で住民の身近で発生し、**生活を脅かす振り込め詐欺や**

[1] 最初は子どもとの接し方がよく分からず、担当を外されてしまったことがある
失敗は明確に書くようにしよう。問われていることに答える姿勢を大切に！

[2] 生活を脅かす振り込め詐欺やひったくり、痴漢など
具体的な犯罪名を出して説得力を持たせたい。

ひったくり、痴漢などの被害を少しでも減らすために尽力していきたいと考えている。そのためには自己の知見を広げ、能力を高めていく姿勢が不可欠である。また犯罪の捜査をはじめ、防犯活動、相談受理などの業務では多くの住民と接することになる。そのなかで時として自分の至らなさを感じることもあるかもしれない。しかし、そんなときでも私は日々の反省を自身の力に変えて、善処できるように努めていきたい。なぜなら、その積み重ねがひいては住民の安心・安全な生活を守ることにつながると思うからだ。そして、このような善処するための努力を惜しみなく続けることが住民からの信頼を獲得するためには重要だ。

　以上のように、私は自己反省と自己成長に向けた行動を継続することで、地域住民と一体となって犯罪の起こりにくいまちづくりに貢献していきたい。

（967 文字）

テーマ 21 困難を乗り越えた経験

例題

　これまで経験した困難とそれを乗り越えた際に学んだことについて述べ、今後仕事にどのように生かしていくかについても言及しなさい。

＼ここをCHECK／

本問は、多くのことを問われているので、論点落としに気を付けなければならない。①困難、②それを乗り越えた際に学んだこと、③仕事にどのように生かしていくか、の３点が問われていることを意識しよう。経験を具体的に書くことはもちろん、③仕事にどのように生かしていくか、についてもなるべく具体的に書きたいところである。生かせる場面を明確にしておくと書きやすいため、ご自身が目指している部署を明示するといいかもしれないね。流れを意識してスパッと端的に示すことがポイントとなろう。

合 格 答 案 例 の レ シ ピ

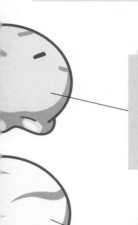

これまで経験した困難

- 学園祭における協賛金募集活動
  - → 責任者としての取組み
  - → 目標額を達成できない状況（困難）
  - → 再度のお願いとそこで工夫したこと
  - → 前年度の２倍近くの協賛金を集めることができた（結果）

学んだこと

- 粘り強くチャレンジする姿勢が目標達成には必要である
  - → 反省から修正を加えて再度挑戦することが大切

仕事にどのように生かしていくか

- 水難救助隊に所属し、水難事故から一人でも多くの命を救っていきたい
  - → 訓練では困難や失敗、挫折をたくさん経験することが予想されるが、そのような時に粘り強くチャレンジする姿勢が生かせる
  - → 失敗原因を突き止め、手段・方法の検証を行っていく

まとめ

どんなに難しい状況であっても要救助者を救出することが消防官の使命

合格答案例

　　　私がこれまで経験した困難は、学園祭における協賛金募集活動である。私は１年次から現在まで学園祭実行委員として、地域の事業者の方々に協賛を求める活動に従事している。特に３年生の時には責任者を任され、10人を束ねるリーダーとして活動した。皆で手分けをして地域の事業者の方々に学園祭の趣旨説明を行ったが、新規の協賛事業者を募ることはおろか、前年度に協賛していただいた事業者からも断られるケースが相次ぎ、目標額を達成することが難しい状況となった。

　そこで、皆で会議に会議を重ね、協賛することのメリットを明確にし、それをリーフレットにまとめて**もう一度協賛をお願いしに行くことにした**①。特に、学園祭パンフレットには大きく協賛事業者を掲載するため、これを見た来園者が協賛事業者に足を運ぶケースがあり得ることを説明した。加えて、当該パンフレットの配布数を去年より500部増やし、配布活動にも力を入れることをPRした。

　その結果、事業者の理解が進み、昨年度の２倍近くの協賛金を集めることができた。私がこの活動で驚いたのは、２度目に説明しに行った際に褒められるケースが多かったことである。失敗を失敗で終わらせずに、反省を次の行動に生かしたことが結果的には事業者の方々の信頼を獲得することにつながった。

　　　私は、この経験から粘り強くチャレンジする姿勢が目標達成には必要であることを学んだ。すなわち、失敗をした時にすぐにあきらめるのではな

① **もう一度協賛をお願いしに行くことにした**
困難を乗り越える際の工夫はなるべく具体的に書くことが求められるよ。

く、反省から修正を加えて再度挑戦することが大切なのである。このことはどのようなことにも応用できる基本的な姿勢であろう。

　　　私はこの姿勢を消防官になってから次のように生かしていく。私は小学2年生から現在まで水泳を続けてきた。そこで、この水泳の経験を生かして、入所後に経験を積んで**水難救助隊**[2]に所属し、水難事故から一人でも多くの命を救っていきたい。水難救助隊は、潜水器具を身につけて水中で救助活動を行うため、私が今まで行ってきた水泳とは全く異なる。それゆえ訓練では困難や失敗、挫折をたくさん経験することが予想される。しかし、そのような時に私の粘り強くチャレンジする姿勢が生かせると確信している。例えば、失敗した際にはその原因を突き止めることを徹底し、二度と同じ失敗を繰り返さないように努力する。もし、同じ失敗を繰り返すようであれば、手段・方法が間違っている可能性があるため、手段・方法の検証も怠らずに行っていく。このように、まずは自分の頭で解決策を模索し、周りからのアドバイスも参考にしながら弱点克服に努めていきたい。そして、常に現場と同じ緊張感を持ち、失敗から学んだことを次に生かすつもりで訓練に励んでいきたい。

　　　どんなに難しい状況であっても要救助者を救出することが消防官の使命である。そのため、上記のような鍛錬の積み重ねにより、救助を待つ人々の命を必ず救い出せるよう最善を尽くしていきたい。

（1192文字）

[2] 水難救助隊
海や川など水のある場所で救助を行う。水中用空気ボンベを背負い、長時間水中で作業を行う。ゴムボートで救助活動を行うこともある。

テーマ 22 理想の警察官像

例題

あなたの考える理想の警察官像とはどのようなものか。また、そのような警察官になるためにあなたがとるべき行動とは何か。

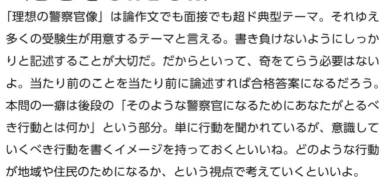

＼ここをCHECK／

「理想の警察官像」は論作文でも面接でも超ド典型テーマ。それゆえ多くの受験生が用意するテーマと言える。書き負けないようにしっかりと記述することが大切だ。だからといって、奇をてらう必要はないよ。当たり前のことを当たり前に論述すれば合格答案になるだろう。本問の一癖は後段の「そのような警察官になるためにあなたがとるべき行動とは何か」という部分。単に行動を聞かれているが、意識していくべき行動を書くイメージを持っておくといいね。どのような行動が地域や住民のためになるか、という視点で考えていくといいよ。

合 格 答 案 例 の レ シ ピ

私が考える理想の警察官像

- 地域や住民の安全を第一に考えて行動できる警察官
- 強い正義感と高い倫理観を兼ね備えた警察官

行動①

- 地域や住民の安全を第一に考えて行動できる警察官
  → 日々のパトロールや巡回連絡、その他相談対応の際に、しっかりと住民とコミュニケーションをとっていく
  → 犯罪の予防や早期発見につながることもある

行動②

- 強い正義感と高い倫理観を兼ね備えた警察官
  → 日頃から規律・規則を守り、謙虚な姿勢で職務にあたる
  → 誘惑に流されたり、悪に妥協したりすることを防ぎ、住民に対して高圧的な態度をとったり、不快感を与えたりするリスクを回避する

まとめ

地域密着型の警察官を目指していく

合格答案例

　私が考える理想の警察官像は２つある。１つ目は地域や住民の安全を第一に考えて行動できる警察官である。警察官は地域や住民にとって最も身近な存在であり、安全な社会をつくることを通じて住民に貢献する。特に地域の顔となる**交番勤務**[1]では、事故や事件が発生した際に第一段階の捜査を行うことはもちろん、日々のパトロールを通じて犯罪の予防、交通の指導・取締り、少年の補導など、さまざまな事案に対応していかなければならない。そこで、どのような状況下でも地域や住民のことを最優先して考える姿勢が大切となる。２つ目は、強い正義感と高い倫理観を兼ね備えた警察官である。私は、一般職の公務員と公安職の警察官との決定的な違いは何かということをよく考える。警察官は、一般職の公務員とは異なり治安を維持するため、あるいは社会の治安を守るために公権力としての実力を行使することがある。この点が性質上決定的に違う点であろう。したがって、警察官には、とりわけ強い正義感と高い倫理観が要求されることになる。そして、この実力は悪と対峙するため、または住民の安心・安全を守るために行使するからこそ正当化されるものである。

　以上のような理想の警察官になるために私は以下の２つの行動をとっていきたい。まず、地域や住民の安全を第一に考えて行動できる警察官になるために、日々のパトロールや巡回連絡、その他相談対応の際に、しっかりと住民とコミュニケーションをとってい

[1] 交番勤務
いわゆる「地域警察」の仕事を参考に書いてみた。

きたい。なぜなら、このような地道な努力を積み重ねることが犯罪の予防や早期発見につながることもあるからだ。住民に身近なところで業務を行えるという強みを生かし、積極的かつ主体的に話しかけることにより、地域情報の収集や危険箇所の把握に努めていきたい。住民と一体となって治安を維持し、犯罪を予防していく姿勢を忘れてはならない。

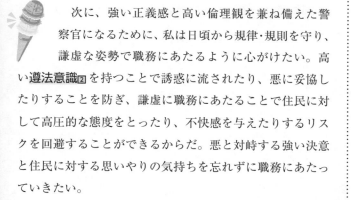

次に、強い正義感と高い倫理観を兼ね備えた警察官になるために、私は日頃から規律・規則を守り、謙虚な姿勢で職務にあたるように心がけたい。高い**遵法意識**[2] を持つことで誘惑に流されたり、悪に妥協したりすることを防ぎ、謙虚に職務にあたることで住民に対して高圧的な態度をとったり、不快感を与えたりするリスクを回避することができるからだ。悪と対峙する強い決意と住民に対する思いやりの気持ちを忘れずに職務にあたっていきたい。

以上のように、私は地域や住民を最優先に考え、強い正義感と高い倫理観を兼ね備えた地域密着型の警察官を目指していきたい。そして、住民に最も身近なところで地域の安全を守り続けていきたい。

（1054 文字）

[2] 遵法意識
社会全体の遵法意識を高めていくことが警察官の役割だ。だから、まずは自分たちが遵法意識を持つように心がけるというロジックはある意味当然なんだ。

テーマ 23 消防官の存在とは

例題

　あなたにとって消防官はどのような存在か。また、あなたはどのような消防官になっていきたいのか。

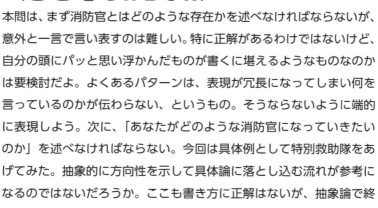

\ここをCHECK/

本問は、まず消防官とはどのような存在かを述べなければならないが、意外と一言で言い表すのは難しい。特に正解があるわけではないけど、自分の頭にパッと思い浮かんだものが書くに堪えるようなものなのかは要検討だよ。よくあるパターンは、表現が冗長になってしまい何を言っているのかが伝わらない、というもの。そうならないように端的に表現しよう。次に、「あなたがどのような消防官になっていきたいのか」を述べなければならない。今回は具体例として特別救助隊をあげてみた。抽象的に方向性を示して具体論に落とし込む流れが参考になるのではないだろうか。ここも書き方に正解はないが、抽象論で終わらないように注意しよう。

合格答案例のレシピ

私にとって消防官とは

- 火災や災害から人々の命を救うことのできる唯一無二の存在
  - → 消防官の使命は危機が訪れた際に困難性の高い現場に勇猛果敢に立ち向かい、そこからより多くの人々の命を救っていくこと
  - → 火災や災害から高い技術力と専門的な知識をもって多くの人々を救い出すことができる点も特徴

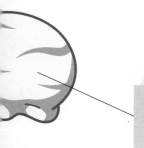

どのような消防官になっていきたいのか

- 火災や災害の中でも特に難しい現場に数多く出動し、人々の救助活動を行える消防官
  - → 特別救助隊の一員

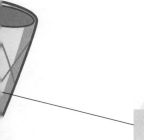

まとめ

市民からの期待が大きく責任も大きいのが消防官という仕事

　私にとって消防官とは、火災や災害から人々の命を救うことのできる唯一無二の存在である。現在、火災や災害については、日ごろからの住民一人ひとりの自助や共助が強調される傾向にあるが、それをもってしても対処できない危機に陥った時に消防官の公助が必要となる。それゆえ消防官の使命は危機が訪れた際に困難性の高い現場に勇猛果敢に立ち向かい、そこからより多くの人々の命を救っていくことである。それを可能とするためには、日々の厳しい訓練に耐え抜くことが不可欠である。苦しい訓練を積んでいるからこそ、このような切迫した場面においても冷静にかつ的確に対応することができる。また、火災や災害から高い技術力と専門的な知識をもって多くの人々を救い出すことができる点も消防官の特徴であり、このような点が消防官の存在を唯一無二にしていると言ってもいい。

　私は、火災や災害の中でも特に難しい現場に数多く出動し、人々の救助活動を行える消防官になっていきたい。具体的には、ポンプ隊で経験を積んだ後に、**特別救助隊**[1]の一員として活動していきたいと考えている。なぜなら、特別救助隊は私のあこがれであるとともに消防官を目指すきっかけとなった部隊だからだ。特別救助隊の一員になるための選抜試験に合格し、そしてその後の高度な技術や知識を習得するための研修に耐えられるよう、日頃の訓練時から妥協することなく自らを厳しく追い込む姿勢で臨みたい。また、災害現場の切迫した状況

[1] **特別救助隊**
専門部隊の一つで、救助に関する高度な知識と専門技術、また特殊な資器材（装備）を駆使して、火災や災害で活躍する部隊。

下でも冷静かつ的確な行動をとれるようになるために、判
断力を磨く鍛錬も重ねていきたい。さらに、消防官の現場
業務はチームでの活動となるため、上司の指示をしっかり
と聞き、それを着実に実行する力や**周囲を見渡す広い視野**2
をも養っていきたい。

 消防官の職務は、緊急時に行うものがほとんど
である。それだけに市民からの期待は大きく、消
防官一人ひとりが背負うことになる責任も自ずと
大きくなる。しかし、それらに真摯に応えていくことで市
民からの信頼を勝ち得ていかなければならない。

(834 文字)

**2 周囲を見渡す広
い視野**
ここはコミュニケ
ーションについて
触れてもいいが、
今回は広い視野と
いう点に触れてみ
た。

テーマ 24 | 対人関係

例題

　人と接する際に気を付けるべきことは何か。あなたの経験を踏まえてあげ、それを行政の職員としてどのように生かしていくか、述べなさい。

＼ここをCHECK／

本問は、人と接する際に気を付けるべきことをテーマにしているが、広くコミュニケーションについて書くことを求められていると考えてもよい。対人関係に関する所見を書かせることで、その人となりが分かる、というつくりになっているわけだ。内容としては特に難しいことを書く必要はなく、経験を充実させることに注力するべきと言える。今回は初段落で結論を述べ、二段落目で経験を書くという構成にしてみた。問いにしっかりと答えている姿勢を見せるのがポイントだ。

合 格 答 案 例 の レ シ ピ

人と接する際に気を付けるべきこと

- 相手の話をしっかりと最後まで聞くこと
  → 対話のミスマッチを防ぐ
- 丁寧な対応を心がけること
  → 信頼を獲得しやすくなる

経験

- コールセンターでのアルバイト
  → 相手の要求を的確に把握する力と分かりやすく説明する力が求められる
  → 失敗、工夫

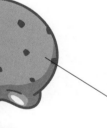

生かし方

- 行政手続は多種多様である点に対して
  → さまざまな部署の仕事を経験する中で、各種行政手続の内容をしっかりと理解し、住民に対して分かりやすく伝えられるようにする

まとめ

一日でも早く住民の役に立てるよう業務に邁進したい

合格答案例

人と接する際に気を付けるべきことは、**相手の話をしっかりと最後まで聞くことと、丁寧な対応を心がけることであると考える**[1]。まず相手の話をしっかりと聞くことで、相手の求めていることを把握でき、それにより対話のミスマッチを防ぐことができる。それゆえ相手の要求に適切に応えるためには、その前提として聞く姿勢が大切になる。また、丁寧な対応を心がけることで、相手からの信頼を得られやすくなると考える。特にわからないことや疑問に思ったことを問われた際に、丁寧に分かりやすく回答できる人は相手からの信頼を獲得しやすいだろう。

私はこれらのことをコールセンターのアルバイトで実践してきた。私は大学2年生の時から自動車保険の更新手続を担当する部署で仕事をしている。職務では、複雑な更新手続を電話越しで案内しなければならないので、相手の要求を的確に把握する力と分かりやすく説明する力が求められる。当初はカスタマーの要求とは異なる手続を案内してしまったり、対応に手間取りカスタマーから厳しい言葉を頂いたりしたこともあった。しかし、そのような折に先輩職員からアドバイスしてもらったのが、上記2つのことである。更新手続においては、カスタマー自身もどうしたらいいのか分からない状態で電話をかけてくることが多く、話を最後まで聞かないと要求すら把握できないことが多い。そこで、早とちりをしないためにも必ず相手の話は最後まで聞くように心がけている。

[1] **相手の話をしっかりと最後まで聞くことと、丁寧な対応を心がけることであると考える**
結論を述べた後は、なぜこれらをあげたのかを簡単でいいので示すようにしよう。

また、更新手続の流れがやや複雑であるため、分かりやすく説明しないと再度の問い合わせにつながり、それがクレームに発展することもある。それゆえ手続の流れを分かりやすく説明し、専門用語もかみ砕いて伝えるようにしている。このような実践の積み重ねにより、徐々に仕事に慣れていくことができた。

以上のことは**行政の職員としても十分生かせると考える**②。というのも、行政の手続は複雑であるものが多く、必ずしも一人ひとりの住民が理解しているわけではないと考えられるからだ。加えて、アルバイトとの違いとして、行政手続は多種多様である点をその特徴としてあげることができる。そうなると、当然職員一人ひとりが各種行政手続を理解していないと対応に困難をきたす。そこで私は、住民の話をしっかりと聞き、丁寧な対応を心がけることはもちろん、さまざまな部署の仕事を経験する中で、各種行政手続の内容をしっかりと理解し、住民に対して分かりやすく伝えられるよう日々業務に励んでいかなければならない。

私はこれまで人と接する仕事に大きなやりがいを覚えてきた。今後はこの経験を住民の暮らしをサポートする公務員の仕事の中で生かしていきたい。そして、一日でも早く住民の役に立てるよう業務に邁進していきたい。

(1127 文字)

> ② **行政の職員としても十分生かせると考える**
>
> 今回は大きく展開していないけど、対象を分けて具体的に書いてもいいね。対高齢者、対事業者、対周囲の職員など。

テーマ 25 コミュニケーションの必要性

例題

コミュニケーションはなぜ必要なのか。また、あなたが持っているコミュニケーション能力を消防官としてどのように生かしていくかについて述べなさい。

ここをCHECK

本問はコミュニケーションを真正面から問う問題だ。消防官だけではなく、一般的な市役所の試験でも出題されるテーマなので、一通答案を作っておいた方がいいね。コミュニケーションの必要性については、さまざまなものが指摘されているところではあるけど、メインは参考答案にあげた2つだと考えられるよ。問題文後半の「あなたが持っているコミュニケーション能力を消防官としてどのように生かしていくか」については、ご自身にコミュニケーション能力があることをまずは示さなければいけない。ここは経験を書くことになるので、消防官として生かせそうなコミュニケーション能力を身につけることができた経験を探る必要があるよ。少し難しいだろうか？ ただここが本問のポイントとなるのでとても大切。「生かし方」は具体的な場面をしっかりと示すことができていれば、それなりの点数はつくと思われるよ。

合 格 答 案 例 の レ シ ピ

コミュニケーションの必要性

- 強固な信頼関係を築くため
- 職務の連携がとれて作業効率が上がるため

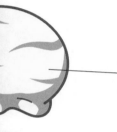

自身が持っているコミュニケーション能力

- 状況を把握したうえで指示をしたり、利害の対立を調整したりすることができる能力
  → 大学３年次に所属していたゼミナールにおける課題

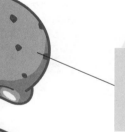

生かし方

- 災害現場において組織活動で上司の指揮命令を素早く的確に部下に伝えることに生かす
- 隊員同士のチームワークを円滑にするため、潤滑油としての役割を果たせるように努める

まとめ

期待に応えるために円滑なチームワークで消防防災活動に励む

　　コミュニケーションが必要となる理由は次の2つである。まずは強固な信頼関係を築くためである。人はコミュニケーションを通じて他者を知り、そのうえで他者を理解することができる。その過程で他者の苦手な面が見えてくることもあるが、それを踏まえたうえでよりよい接し方を模索・習得していくことが可能となる。次に職務の連携がとれて作業効率が上がるためである。特に消防官の仕事はチームで行うものがほとんどである。消防の組織活動を円滑に行うためには部署内及び部署間の連携が不可欠であり、そのためにもコミュニケーションは欠かせない。

　　私が持っているコミュニケーション能力[1]は、状況を把握したうえで指示をしたり、利害の対立を調整したりすることができる能力である。私は大学3年次に所属していたゼミナールで、研究グループのリーダーを任された。メンバー8人の人となりや得手不得手を認識するため、一人ひとりとLINEを交換しこまめに連絡を取り合うようにした。これにより真面目に取り組むタイプからややいい加減なタイプまでさまざまなタイプがいることが分かった。そして、それぞれに合った役を割り振り、自らは皆ができない部分を補う形をとった。中間報告会でメンバーの意見がぶつかったときも、第三者の意見を取り入れながら折衷案を考え、自らも意見を提示することで両者の納得を得た。このように、私の持っているコミュニケーション能力はメンバーとこまめに連絡を取り合うこ

[1] **私が持っているコミュニケーション能力**
オリジナルの定義をしていく必要があるよ。

とから始まり、他者をしっかりと理解する過程で磨かれて
きたものである。

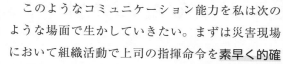

　　　このようなコミュニケーション能力を私は次の
ような場面で生かしていきたい。まずは災害現場
において組織活動で上司の指揮命令を素早く的確
に部下に伝える[2]ことに生かしていきたい。消防における
組織活動は厳格な指揮命令に基づくため、上司の命令がぶ
れることなく下位の最小単位まで伝達されることが大切で
ある。その際私は、上司の意図をしっかりと汲み、部下に
対して正確かつ迅速に伝えていくことで指揮命令系統の確
保に努めていきたい。次に、隊員同士のチームワークを円
滑にするため、潤滑油としての役割を果たせるよう、日頃
から積極的な対話を心がけたい[3]。例えば、落ち込んでい
る隊員に励ましの言葉をかけたり、悩んでいる隊員の相談
に乗ったりすることで信頼関係を構築し、一人ひとりの隊
員が前向きになれるような環境整備に努めていきたい。

　　　消防官は火災や災害から人々の命を守る仕事で
ある。それだけに住民からの期待感も大きい。消
防官としては、このような期待に応えるためにも、
円滑なチームワークで消防防災活動に励んでいくべきであ
る。

(1083 文字)

[2] 素早く的確に部下に伝える

ここは「報告、連絡、相談」について書くという方法もある。組織にとって報連相はとても重要だからだ。

[3] 積極的な対話を心がけたい

今回は穏当に隊員との対話を書いておけど、消防団との協力関係の構築を書いてもいいね。ちなみに、消防団は災害時には消防本部と連携し，その活動指揮下に入るんだ。だから、日頃からの連携が不可欠なんだね。

テーマ 26 組織における能力発揮

例題

　組織において、個々の有する能力を発揮するために大切なことを2つあげ、あなたがどのように実践していくのか具体的に述べなさい。　　　　　　［東京消防庁 平成28年第2回］

＼ここをCHECK／

本問は、やや発展的な問いである。単に組織において大切なことを述べるのではなく、「個々の能力を発揮するために」大切なことを述べなければならないからだ。この視点を見逃してはならない。また、実践の場面も具体的に明示することが求められる。自身が目指す職務にひきつけて書くのも手だろう。今回は救急隊員の職務を念頭に書き上げてみた。是非参考にしてみてほしい。

合 格 答 案 例 の レ シ ピ

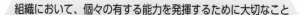

組織において、個々の有する能力を発揮するために大切なこと

- 職場におけるコミュニケーション
  → 各自の強みと役割を自覚、風通しのよい職場環境づくり
    に資する
- 専門性を高めるための研修制度の充実
  → キャリア形成

どのように実践していくか

- 職場におけるコミュニケーション
  → 部活動やアルバイトで培った対人能力を報告・連絡・
    相談に生かす
- 専門性を高めるための研修
  → 救急隊員として一人でも多くの都民の命を救っていく
  → 意欲と粘り強さが必要

まとめ

自己の成長を常に意識していく

合格答案例

　　組織において、個々の有する能力を発揮するために大切なこととして、まずは職場におけるコミュニケーション[1]をあげたい。個々の有する能力を発揮する前提として、各自が強みと役割を自覚している必要があるが、それを相互に認識しあうことでより組織における個々の能力の発揮が円滑になる。そのため、職員どうしのコミュニケーションが欠かせない。また、日々のコミュニケーションを大切にすることは、風通しのよい職場環境づくりに資すると考える。これが可能となれば、一人ひとりが向上心を持ち、互いに切磋琢磨しながらやりがいを持って職務にあたることができるようになるだろう。次に専門性を高めるための研修制度の充実をあげたい。組織に所属して職員一人ひとりが知識や技術を習得するためには研修制度の充実が鍵となる。東京消防庁は職種の幅広さが最大の特徴であり、そのため職員がそれぞれの能力を生かし、自らのキャリアを切り開くための研修制度が整っていると聞いた。約半年間の消防実務の研修、配置後におけるポンプ隊員としての実務、その後の各種研修に励むことにより、都民の安心・安全を守るために自らの適性や希望に応じたキャリアを築き上げていくことが大切であると考える。

　　次に、私がどのように上記2つのことを実践していくかについて述べる。職場におけるコミュニケーションについては、これまで部活動やアルバイトで培ってきた対人能力を生かして、上司や同僚との

[1] コミュニケーション

コミュニケーションは書くなら具体的に意義を示す必要がある。なぜコミュニケーションが大切なのかを示すといい。

日々の報告・連絡・相談を欠かさずに行うよう心がけたい。具体的には、わからない点や疑問に思ったこと、さらには日々の業務の中で抱えた悩みなどを自分一人で解決しようとせずに、周囲に質問や相談をすることで解決していきたい。もちろん、自分で解決する努力は怠ってはならないが、周囲へ質問や相談をすることで解決できる問題も多いと考えるからだ。反対に、私が周囲の質問に応じたり、相談に乗ったりすることも大切である。そのためにも自分のことだけではなく、周囲に目を配り、仲間との協調性をもって日々の業務にあたりたい。専門性を高めるための研修についても、私は**救急隊員**[2]として一人でも多くの都民の命を救っていきたいと考えているため、消防学校で消防業務の基礎を修得し、ポンプ隊員として実務を経験した後に救急救命士国家試験の合格を目指して、研修に励んでいきたい。高度な救急救命処置を行うためには、数多くの研修を一つひとつパスしていかなければならず、学ぶことへの意欲と継続する粘り強さが求められる。

[2] 救急隊員
東京消防庁の研修制度を参考にして書いてみたよ。

　そこで私は、日々刻々と変化を続ける東京を守るためにも、自身の成長を常に意識して消防業務に励んでいきたい。

（1084 文字）

テーマ 27 警察官を目指す理由

要CHECK!
- ☐ 市役所
- ☑ 警察
- ☐ 消防

例題

　あなたが警察官を目指す理由と、今後警察官として取り組みたいことについて、具体的に述べなさい。

＼ここをCHECK／

　本問は、面接系の設問になっている点がポイント。つまり、面接で問われるような内容をそのまま論作文のテーマにしてしまった、という類の設問だ。多くの受験生は「志望動機」をある程度固めているので、論作文として出されても特に困ることはないだろう。また、警察官として「取り組んでみたいこと」についても同じく面接で問われる事項なので書きやすい。したがって、多くの受験生にとって書きやすいテーマと言えるね。面接でも使えるため、本テーマはあらかじめ答案のひな型を作っておくといいよ。特に「取り組んでみたいこと」については、なるべく具体的に将来ビジョンを示すようにしよう。ふわっと書いてしまうと他の受験生に差をつけられてしまうからだ。今回は地域警察と刑事警察を書いておいたが、ご自身の目指す分野を各々調べて答案化できるようにしておこう。

合格答案例のレシピ

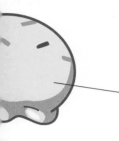

警察官を目指す理由

- 犯罪から一人でも多くの命や財産を守りたいから
  - → ひったくり現場の目撃
- 部活動で培ってきた体力を地域の安全や住民の安心を守るために生かしていきたいと思ったから
  - → ボート部での活動

取組んでみたいこと①

- 地域警察の業務
  - → 住民の一番近くで地域の安全を守れる点に強いやりがいを覚えるから
  - → 捜査をはじめパトロールや巡回連絡、道案内、遺失届・拾得物の取扱い、地域住民からの相談対応など

取組んでみたいこと②

- 刑事警察の業務
  - → 犯罪捜査のプロフェッショナルとして、捜査を行い、犯人の検挙につなげることに貢献

まとめ

誇りと使命感を持って職務を全うする

合格答案例

　　私が警察官を目指す理由は2つある。まず、犯罪から一人でも多くの命や財産を守りたいからである。私は以前ひったくりの現場に遭遇したことがある。具体的には、高校生の頃に家の前の商店街でひったくり事件が発生した。犯人は警ら中の警察官に取り押さえられ、そのまま現行犯逮捕されたが、被害者の女性はバッグを取られる際に、転倒し足を怪我したようだった。私はただ傍観することしかできなかったが、そのような中でもおびえる女性を必死に励ましながら、聞き取りを行う警察官の姿に頼もしさと安心感を覚えた。女性も最後は自分で立ち上がり警察官に対して感謝の言葉を述べていた。私はこの時から警察官という仕事にあこがれを抱くようになった。

　　次に、部活動で培ってきた体力を地域の安全や住民の安心を守るために生かしていきたいと思ったからである。私は現在ボート部に所属しており、チームの掲げる目標を達成するために日々の辛い練習を耐え抜いてきた。3年生になって就職活動を始めるにあたり、私は継続して培ってきた体力を地域や人のために役立てたいと考え、○○県警の業務説明会に参加した。その際、さまざまな職務内容の説明を受けたことで、警察官になりたいという思いがますます強くなった。

　　私が、警察官として取り組みたいことは2つある。まず、交番勤務やパトカー乗務を通じて、地域の安全を守る**地域警察**[1]の業務に取り組みたい。住民の一番近くで地域の安全を守れる点に強いやりがいを

1 地域警察

警察学校を卒業した後に、最初に勤務するのが地域課だ。ここから警察官としてのキャリアの第一歩が始まる。警察官としてのスキルを身につけるために、幅広い業務に携わるよ。

覚えるからである。地域警察の業務で取り扱う事件や相談案件は多岐にわたる。そこで、**捜査をはじめパトロールや巡回連絡、道案内、遺失届・拾得物の取扱い、地域住民からの相談対応**[2] など、幅広い業務を経験し実力をつける中で、住民からの信頼を勝ち取っていきたい。「日本の治安の良さは世界一である」という評価があるが、これは地域警察の業務が犯罪から住民の命や財産を守り、安全で安心できる社会作りに貢献している証拠である。私もこのような業務を通じて警察官としての職責を果たしていきたい。

次に、私は将来的に**刑事警察**[3] の分野で殺人や強盗、詐欺や横領などの凶悪な犯罪から住民の命や財産を守っていきたい。具体的には、犯罪捜査のプロフェッショナルとして、現場に残されたわずかな手掛かりを基に地道な捜査を行い、犯人の検挙につなげることに貢献していきたい。私は説明会で刑事の仕事にとって大切な資質は決してあきらめない粘り強さであると聞いた。これは、犯人検挙に至るまでには被害者や目撃者などからの地道な聞き取りや有形・無形の証拠の収集など、地道な捜査が不可欠であるためだという。そこで、私も被害者の無念の思いに応えるために、捜査を徹底して行うことで事件の真相を解明していきたい。

社会の変容に伴い、犯罪はますます巧妙化、複雑化、高度化を深めていくことが予想される。しかし、そのような中でも私は犯罪から地域の安全や住民の安心を守るため、誇りと使命感を持って職務を全うしていきたい。

(1226 文字)

---

[2] **捜査をはじめパトロールや巡回連絡、道案内、遺失届・拾得物の取扱い、地域住民からの相談対応**

希望する職務内容を具体的に示せるように準備しておくことが大切。

[3] **刑事警察**

捜査の端緒から捜査に乗り出し、犯人検挙につなげるのが刑事の仕事。捜査は証拠資料を収集する活動がメインなので超地道な業務となる。

テーマ 28 最近気になっている犯罪

例題

　最近あなたが気になっている犯罪を1つあげて説明し、それに対し警察官としてどのように対応していくべきか具体的に述べなさい。

＼ここをCHECK／

　本問は、まず自分が気になっている犯罪を1つ設定し、それに関して概括しなければならないね。警察官になりたい皆さんにとっては自分の好きなものを取りあげられる点で一見はラッキーのようにも思える。でも、取りあげた犯罪について内容を書いて説明しなければならないから、意外とハードルは高いよ。定義や類型、特徴を示すとともに、統計なども添えられるといいだろう。取組みは一般的なことを書いておけばいいが、抽象論で終わらないように注意しよう。実際に現在都道府県警で行われている事例を想起して書くのがベストなので、知識としてインプットしている人には有利に働く問題と言えるね。

合格答案例のレシピ

最近気になっている犯罪
- サイバー犯罪（定義→類型→特徴）

取組み①

普及啓発、指導に努める
- 対策の基本を示すことは重要
  → 講演会の開催やパンフレットの作成、映像ツールの活用
    などにより現状や対策について周知する

取組み②

サイバー犯罪の総合相談窓口の設置
- 専門職員がサイバー犯罪に関するさまざまな相談を受け付
  ける態勢を整備
  → 各最寄りの警察署でも随時相談に応じることが必要

まとめ

住民の安心・安全な暮らしを守っていく

合格答案例

　　　　私が最近気になっている犯罪はサイバー犯罪である。サイバー犯罪[1]は、国際的には、「コンピュータ技術及び電気通信技術を悪用した犯罪」と定義されているが、日本では、コンピュータ犯罪、ネットワーク利用犯罪、不正アクセス禁止法違反、の３つに分類されている。まず、コンピュータ犯罪とは、インターネットで他人のアカウントを入手し住所などの電磁的記録を変更したり、ウイルスや大量の電子メールを送付し、サーバーシステムをダウンさせたりするなどのことである。ネットワーク利用犯罪とは、特定個人の誹謗中傷記事をホームページや掲示板に掲載したり、脅迫恐喝電子メールを送付したりすることである。そして、不正アクセス禁止法違反とは、コンピュータネットワーク上で他人のIDやパスワード等を入力することにより、他人のコンピュータに侵入する不正アクセス行為や他人のID・パスワードを無断で提供する不正アクセス助長行為のことをさす。

　このサイバー犯罪の特徴は、匿名性が高く痕跡が残りにくいこと、被害が瞬時にかつ不特定多数に及ぶことなどがあげられ、被疑者の特定や捜査が難しいといった問題点も存在する。では、このようなサイバー犯罪に対して、警察官としてどのように対応していくべきか。以下具体的に述べる。

　　　　第一に、サイバー犯罪に強い社会づくりを後押しするべく、警察主導で普及啓発、指導などに努めるべきである。情報セキュリティ対策の基本はサイバー犯罪の手口が巧妙化する中でも大きく変わるものではない

[1] サイバー犯罪
サイバー犯罪の検挙件数は、2012年以降増加傾向にある。2019年は9542件と前年比で5.6％となった。

ため、対策の基本を住民に知らせることが安全なインターネット環境を保つためには不可欠である。例えば、OSと各種ソフトウェアを最新の状態にアップデートすることやウイルス対策ソフトをインストールすることなどは大切である。最近はアプリに関する被害も多くなってきていることから、公式サイトからの入手を呼びかけることも必要となろう。また、パスワードのこまめな変更を呼びかけたり、ネット詐欺などのサイバー犯罪の最新手口を紹介したりすることも重要である。警察官としては、講演会の開催やパンフレットの作成、映像ツールの活用などにより現状や対策についての周知を図っていくべきである。

第二に、サイバー犯罪に関する相談に的確に対応するため、サイバー犯罪の**総合相談窓口**②を設ける必要がある。これにより、被害を未然に防いだり、最小限に抑えたりすることが可能となる。そして、そこでは情報セキュリティ・アドバイザーなどの専門職員が、サイバー犯罪に関するさまざまな相談を受け付ける態勢が整っていることが望ましい。また、各最寄りの警察署でも随時相談に応じることが必要となる。その際には、警察官一人ひとりがIT技術やネットワークの仕組みを十分理解していることが求められる。そこで、住民に対して適切なアドバイスができるよう、日々研修などに積極的に参加して知識の習得に励むことが必要である。

以上の取組みを通じて、警察官は、年々増加・巧妙化しつつあるサイバー犯罪から住民の安心・安全な暮らしを守っていかなければならない。

(1261 文字)

② 総合相談窓口
最近は、県によっては「サイバー防犯ボランティア」を育成していることもある。主な活動としては、インターネット上の違法・有害情報を見つけた際に通報したり、地域の防犯教室を行ったりするようだ。

テーマ 29 資料から読み取れる問題点

例題

資料「高齢者人口及び割合の推移（昭和25年〜平成28年）」から読み取れる問題点をあげ、その対応策についてあなたの考えを述べなさい。

なお、本資料における高齢者とは、65歳以上をいう。

［東京消防庁 H29年度第2回］

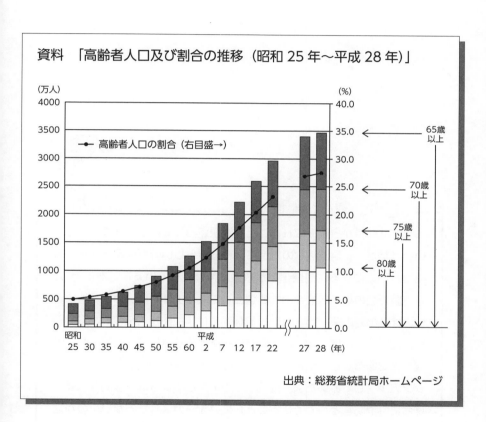

資料 「高齢者人口及び割合の推移（昭和25年〜平成28年)」

出典：総務省統計局ホームページ

　まず、資料から読み取れることを問題点としてあげなければならないわけだが、一目瞭然なので特に資料分析らしい分析は書けなくても構わない。要するに高齢化率が急激に伸びてきていることを指摘し、超高齢社会の構造を社会的な問題として取り上げればいいよ。悩ましいのはその対応策。今回は３つ、具体的には事故防止対策、熱中症対策、認知症対策をあげておいた。ほかにもあるだろうけど、東京消防庁の論作文であることを踏まえ、消防官の仕事としてできそうなことをピックアップしておいたよ。受験生の中にはこのような一般的な課題の場合に「消防官としてできること」にフォーカスした方がいいのか悩む人も多いと思う。でも、過去の合格者を見ている限り、消防官としてできることにフォーカスする必要はあまりないように感じるよ。ただ、心配であれば消防官としてできることをあげるのもよいのではないだろうか。

合　格　答　案　例　の　レ　シ　ピ

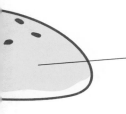

導入部分

資料から読み取れる問題点
- 高齢人口及び割合が上昇していること

取組み①

身体機能の変化について知る機会を設け、事前の事故防止対策を呼びかける
- 家族、地域にも呼びかけることが大切
- 特に、転倒事故による救急搬送が非常に多いので、家庭内の転倒防止対策を示していく必要がある

取組み②

熱中症対策の普及啓発
- 水分補給をこまめにすること、エアコン・扇風機を上手に使うことなどを呼びかける
- 応急処置もマニュアル化して配布

取組み③

認知症予防の取組み
- 適度な運動習慣を身につける、しっかりと栄養を摂る
- 東京都の取組み「フレイル予防」

まとめ

一人ひとりが自分らしく生きられる社会へ

資料を見ると、急速に高齢者人口及び割合が上昇しており、総人口に占める65歳以上の者の割合を示す高齢化率は30％に近づきつつある。そして、75歳以上の後期高齢者の数も急激に増加しており、日本が長寿社会を迎えていることが分かる。このように、高齢者人口及び割合が上昇していることが問題点としてあげられる。では、超高齢社会に対してどのように対応していけばいいのか、以下具体的に述べる。

第一に、行政としては、身体機能の変化について知る機会を設け、事前の事故防止対策を呼びかけるべきである。その際、本人に対してだけでなく、家族、地域に呼びかけることで、それぞれができる事故防止対策を考えるきっかけにしてもらうことが大切だ。人は加齢に伴い、心肺機能の低下、筋力の低下、視覚・聴覚機能の低下、嚥下機能の低下など、さまざまな身体機能が変化する。このことを分かりやすく伝えることで、事前の事故防止対策を進める際の一助となるのではないだろうか。特に、日常生活の場面では**転倒事故による救急搬送が非常に多い**①ため、家庭内の転倒防止対策について詳しく示していく必要があるだろう。例えば、手すりを設置してバリアフリー化を進めることや足元の段差に気を付けること、着替える時には無理して片足立ちせずに腰かけることなどを呼びかけていく必要がある。

第二に、熱中症対策の普及啓発も欠かせない。高齢者は暑さやのどの渇きを感じにくく、部屋の中でも熱中症になることから、十分注意する必要がある。現

① 転倒事故による救急搬送が非常に多い

東京消防庁によると、平成27年〜令和元年で救急搬送された高齢者のうち、8割以上が「ころぶ」事故、次いで「落ちる」事故が1割となっている。

に熱中症により救急搬送される人の約 7 割が 75 歳以上の後期高齢者だ。そこで、水分補給をこまめにすることやエアコン・扇風機を上手に使うこと、外出時における日傘や帽子の利用などを呼びかけるべきである。また、熱中症の際の応急処置もマニュアル化して配布していく必要がある。家族がいち早く異変に気づくきっかけともなるためである。

　　第三に、認知症予防の取組みが必要である。認知症は要介護の状態をもたらし、これが周囲で見守る家族に大きな負担としてのしかかる。認知症は**生活習慣病**[2]との関連性が強いとされるため、この生活習慣病を予防することが、ひいては認知症予防につながる。そこで、適度な運動習慣を身につけることで、脳を刺激していくことが大切である。また、しっかりとした栄養を摂ることも大切だ。そこで、行政は、高齢者でも取り組みやすい運動を紹介したり、カロリー摂取の目安や栄養素などを示したりしていく必要がある。近時、東京都では年齢とともに心身の活力が低下し、要介護状態となるリスクが高くなった状態である「フレイル」を予防するために、「栄養」、「体力」、「社会参加」、プラス「口腔」の“3プラス1”で、「食べて、動いて、人とつながる」というライフスタイルを推奨している。このような取組みを継続することで、健康寿命の延伸につなげていくべきである。

　　このように、超高齢社会への対応としては事故防止対策、熱中症対策、認知症予防対策の3つが必要であると考える。一人ひとりがいつまでも自分らしく生きられる社会にしていくためにも、行政は啓発の工夫を怠ってはならない。

（1288 文字）

[2] 生活習慣病

生活習慣が大きな原因となっている疾患のことだよ。糖尿病や高血圧、脳卒中、がんなどがあるね。最近はい認知症やフレイルも生活習慣病によるものと考えられているよ。

テーマ 30 資料から読み取れる課題

例題

資料「最近1年間で防火防災訓練に参加したことがない最も大きな理由」から読み取れる課題を2つあげ、その対応策についてあなたの考えを具体的に述べなさい。

[東京消防庁 平成30年度第2回]

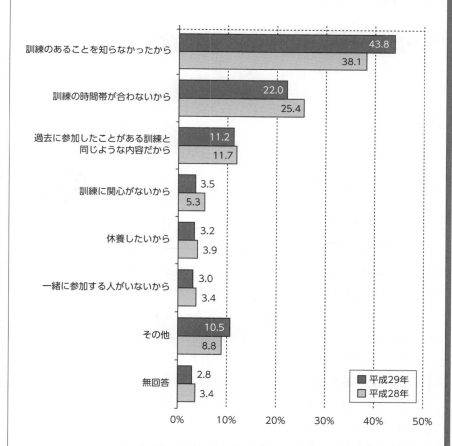

資料
「最近1年間で防火防災訓練に参加したことがない最も大きな理由」

項目	平成29年	平成28年
訓練のあることを知らなかったから	43.8	38.1
訓練の時間帯が合わないから	22.0	25.4
過去に参加したことがある訓練と同じような内容だから	11.2	11.7
訓練に関心がないから	3.5	5.3
休養したいから	3.2	3.9
一緒に参加する人がいないから	3.0	3.4
その他	10.5	8.8
無回答	2.8	3.4

出典：東京消防庁「消防に関する世論調査（平成29年）」より抜粋

本問は資料から課題を２つあげることを求められているので、グラフから素直に読み取れることを２つあげられれば十分だ。ただ、私は今回試しにグルーピングしてみた。要するに、「訓練のあることを知らなかったから」「訓練に関心がないから」という回答から、告知不足、つまり普及啓発を、「訓練の時間帯が合わないから」や「過去に参加したことがある訓練と同じような内容だから」という回答から、訓練を実施する際の工夫を導いてみたよ。同じようなことを言っている部分は自分なりにグルーピングして課題にしても構わないし、実際の合格者もこの手のことはやっている。自分の好みに合わせて課題設定をしてみてもらいたい。対応策は無難なものしか書けないので、普通のことを普通に書いておけば十分だろう。

合格答案例のレシピ

導入部分

資料から読み取れる課題2つ
- 訓練の普及啓発
  - → 「訓練のあることを知らなかったから」「訓練に関心がないから」といった回答より
- 訓練を実施する際の工夫
  - → 「訓練の時間帯が合わないから」「過去に参加したことがある訓練と同じような内容だから」という回答より

取組み①

訓練の普及啓発
- 媒体の工夫
  - → 義務教育段階の子どもたちに対して
  - → 大学生や働いている若者に対して
  - → 30代～50代などの働き盛り世代や高齢世代に対して
- 火災件数や災害の実態などをデータでまとめる、訓練の意義や効果を説明する

取組み②

訓練を実施する際の工夫
- 実施する日時を工夫
- 訓練内容の工夫

まとめ

自助・共助の意識を高めるためにも多くの住民に訓練に参加してもらうことが必要

合格答案例

　　資料から読み取れる課題としてあげられるのは、訓練の普及啓発と訓練を実施する際の工夫である。前者については、訓練に参加したことがない理由として「訓練のあることを知らなかったから」や「訓練に関心がないから」といった回答が見られるからである。これは訓練の存在や意義がうまく住民に伝わっていない証拠である。特に「訓練のあることを知らなかったから」という回答が平成29年に増えている点は見過ごせない。後者については「訓練の時間帯が合わないから」や「過去に参加したことがある訓練と同じような内容だから」という声が目立つからだ。せっかくの訓練も実施する際の時間や内容の工夫をしっかりと行わないと住民の参加を募ることは難しい。これらのことを踏まえ、以下それぞれの課題に対する解決策を具体的に述べる。

　　第一に、訓練の普及啓発については、**媒体の工夫をしていくことが必要**[1]である。例えば、義務教育段階の子どもたちに対しては学校を通じて訓練の日時を告知することが可能である。また、地域活動に参加している保護者を経由して告知することもできる。しかし、大学生や働いている若者に対してはそう簡単にはいかない。というのも、日頃から行政との結びつきが希薄であることが多く、防災意識も一般的に低いからである。そこで、Twitter や Instagram をはじめとする自治体が保有しているSNSツールや動画投稿サイトなどを積極的に活用し、定期的に広報していかなければならない。一方、30代〜

[1] **媒体の工夫をしていくことが必要**
一番行政が苦労するところなので、具体的な提案におとし込んだ方がいいね。一般論で終えることのないように注意しよう。

50代などの働き盛り世代や高齢世代に対しては、活字媒体である市報や新聞、町内会の回覧板などを通じて訓練の存在を知らせることが大切だ。広報をする際にも火災件数や災害の実態などをデータでまとめたり、訓練の意義や効果を説明したりすることで、少しでも訓練に関心をもってもらえるような工夫をしていく必要がある。

　　　第二に、訓練を実施する際の工夫については、まず実施する日時を工夫していくべきである。平日に行うよりも休日に行う方が参加できる人は多くなる。また、**午後よりも午前中の方が人は集まりやすいのではないだろうか**②。休日の午後はレジャーや休息に充てたいと考える人が多いと考えられるため、なるべく早い時間帯に訓練を実施してしまうのがいいだろう。次に訓練内容の工夫も必要である。具体的には、なるべく内容の重複を避けることで参加の意義を高め、訓練をより実りのあるものにしていくべきである。例えば、順次災害別に訓練を行っていくことで内容の重複を避けることができる。また、座学で行うものと体験型で行うものとを振り分けることでも重複を避けることはできる。さらに、誰でも参加できる訓練のほかにも、子ども向け、若者向け、高齢者向けなど、重点対象を分けて行うのも有効なのではないだろうか。

　　　火災や自然災害の危機は私たちに突然襲い掛かってくる。その際に冷静に対処するためには日頃からの防火防災訓練が欠かせない。自助・共助の意識を高めるためにもより多くの住民に訓練に参加してもらえるよう消防行政は今後も有効な対応策を模索していかなければならない。

（1279文字）

②**午後よりも午前中の方が人は集まりやすいのではないだろうか**
ここは完全なる私見なので推測表現を使ってみた。自分なりの理由も添えよう。

第 2 章

レベルアップのために押さえたい
「8 のコツ」

ここでは、さらにレベルアップにつなげるためのコツを8つ紹介するよ。論作文をひととおり学習した後に読むと効率的だろうね。是非参考にしてみてほしい。

📖 コツ01

構成のバランスには
細心の注意を

　何となく構成が分かってきたら、次にバランスを意識するように
していくといいと思います。バランスとは、構成全体のバランスの
ことです。構成は論作文の見た目に関わるのでとても重要なのです
が、意外とバランスが悪いせいで見た目で落ちてしまう人がいます。
例えば、「あなたが考える警察官に求められる倫理観とは、どのよう
なものか。また、自分がどのような警察官になりたいのかを述べな
さい」という設問の構成と「人口減少に対して市が取り組むべきこ
とを述べなさい」という設問の構成とでは、バランスは異なります。
なぜなら、問われていることが異なるからです。もう少し丁寧に言
うと配点があると目される部分が異なるからです。

　すなわち、前者で問われているのは、２点です。具体的には①倫
理観と②どのような警察官になりたいのか、ですね。したがって、
この２つの段落に配点があると考えられます。ですから、①の段落
と②の段落は程度の差こそあれ、だいたい同じくらいの分量になっ
ているのがベストですね。極端に①の量が多く、極端に②の量が少
ないとバランスは悪くなってしまいます（もちろん①はある程度分

量を書かないとダメ）。イメージで示すと、次のようになってしまうとマズイということです。

＜バランスが悪い例＞

倫理観

どのような警察官になりたいのか

まとめ

　一方、後者で問われているのは、主に１つです。人口減少に対して市が取り組むべきこと、です。にもかかわらず、一段落目の現状・現況、問題点の指摘が無駄に多いと、**配点のあまりないところに紙面を割くことになり、見た目が悪くなります**（バランスが悪いということです）。もちろん、現状・現況、問題点などは書くべきです。これは前にも述べたように、取組みをする意義に関わる部分だからです。しかし、そこは本問において本質的な部分ではありません。配点のメインはやはり取組みにあるわけです。ですから、書きすぎには注意した方がいいでしょう。逆に一段落目の現状・現況、問題点の指摘が少なく、二段落目で書く取組みが多いのは特に問題ないでしょう。なぜなら、配点がある部分に紙面を割くのは至極当然の

ことだからです。まとめると、次のようになります。

＜バランスがよい例＞

現状・現況 → 問題の指摘

取組み

まとめ

📖 コツ02

論作文で問題提起は
必要か？

　論作文は与えられた問いに対して自問自答していくスタイルをとるのが一般的です。というのも、「論作文」自体が自ら立てた問いに対して、エビデンスをもって実証していく過程を評価するものだからです。ですから、例えば「人口減少に対して市が取り組むべきことを述べなさい」という設問の場合は、現状・現況、問題点などを指摘した後に、「では、人口減少に対して市が取り組むべきことは何か」という問題提起を入れるといいと思います。そのうえで段落を分けて、取組みを書いていくわけですね。ちょうど次のような感じになります。

　しかし、論作文の中には問題提起を入れづらい問題も出題されます。例えば「あなたが考える警察官に求められる倫理観とは、どのようなものか。また、自分がどのような警察官になりたいのかを述べなさい」という設問のようなケースです。この場合は、「では、私が考える警察官に求められる倫理観とはどのようなものか」「では、私はどのような警察官になりたいのか」などという問題提起を入れても仕方がないわけです。まず意味がありませんし、流れとしても明らかに変です。したがって、論作文の場合は問題提起を入れられるようであれば入れればいい、くらいに考えておけばOKです。必ずしも入れる必要はありません。むしろ、無理やり入れて文章自体が変になるくらいなら入れない方がずっとましですからね。

📖 コツ03

内容を充実させよう①
（主張は抽象から具体へ）

　文章を充実したものに仕上げていくためには、具体性が求められます。しかし、文章を具体的にするという目的を果たすために**いきなり具体論から入ってはいけません**。論作文は自分の意見を述べなければならない場面が多くあります。「どのような取組みをすればいいのか」という形の問題などがその典型です。ただ、そうした場面で具体的な主張から入ってしまうと、すぐに筆が止まってしまいます。結論から申し上げると、このような場合は、**抽象論から具体論へと論を進めていく必要があります**。例えば、現在子どもたちの学習は、徐々に遠隔教育にしていくべきだという意見があります。しかし、だからといって「遠隔教育を実施するべきだ」といきなり超ミクロな主張をしてはいけません。そこに行き着くまでにはそれなりのステップを踏まなければならないのです。具体的にはこうです。まずは「子どもたちの学習環境を整えることが重要だ」という抽象的な主張を書きます。ただ、それを実現する手段はいくつかあります。放課後子ども教室のように学校という場所を提供する支援の仕方や、塾へ通う子どもに対する助成のような金銭的な支援の仕方も

あるでしょう。そして、遠隔教育の充実もその中の一つとしてあげられるわけです。ですから、ここで初めて具体論である「遠隔教育を実施するべきだ」という主張を入れるべきですね。抽象論があるから具体論が出てくるというわけです。そして、遠隔教育を実施するためには各家庭にパソコンやタブレットなどの端末がなければなりませんし、中にはオンラインだと集中力が続かない子やついていけない子などが出てくるかもしれません。そこでオンラインとオフラインを上手く使い分けて、きめ細やかな学習サポートをしていく必要があります。このような形で、論作文で主張を書く際には抽象論から入り、具体論に流すという思考をもっておくといいでしょう。そして、**具体論に入ったときに、上記で述べたような課題や留意点などにも触れられるといい**ですね。場合によってはそのような課題や留意点を踏まえて、再びこれらの解決策へ流すこともできます。

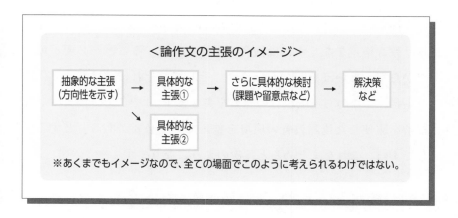

📖 コツ04

理由を入れて文章に
深みを出す

　私は、抽象的な主張を書いた後に「理由」を挟んでから具体的な主張に流すことがあります。理由は一つのエビデンスであり、説得力を持たせるための道具となり得ます。そのため、これを有効活用しない手はありません。では実際どんな感じで使うのでしょうか？先ほどの例（「遠隔教育を実施するべきだ」という主張の例）でいうと、まずは「子どもたちの学習環境を整えることが重要である」という抽象的な主張を書きます。その後に理由を挿入します。「なぜなら、教育格差をなくすには機会の平等を実現することが必要不可欠だからだ」という感じでしょうか。そして、それに続けて、具体的な主張、すなわち遠隔教育の充実を書きます。「そこで、例えばICT技術を駆使した遠隔教育の環境を整えていく必要がある」とする感じですね。これをまとめると、次のようになります。

子どもたちの学習環境を整えることが重要である。なぜなら、教育格差をなくすには機会の平等を実現することが必要不可欠だからだ。そこで、例えば ICT 技術を駆使した遠隔教育の環境を整えていく必要がある。

どうでしょうか？ 簡単ですよね？ もし、さらに議論を深めたいのであれば、「そのためには、各家庭にパソコンやタブレットなどの情報端末がなければならない。……」と続ければいいのです。これは一つの案であって、すべてこのような流れにする必要はありませんが、この発想を理解しておくと筆が進みやすくなります。「なぜなら」という言葉がダサくていやだ、ということであれば、「というのも」でも代替可能です。とにかく「理由」は論作文に深みを持たせる一つのツールになりますので、参考にしていただければと思います。

ら

コツ05
内容を充実させよう②
（具体論の種類）

　主張を書く場面では抽象論から具体論に流す、ということは大体理解できたと思います。しかし、次に問題となるのは、具体的な主張はどのように書けばいいのか？　という点ですよね。具体的な主張と言われても書けないよ……という声を結構多くの方から耳にします。そこで私が多用するものを１つご紹介します。それは「実際の取組み」です。ただ、これは何の知識もなく書けるものではありません。先に述べた「遠隔教育の充実」という具体的な取組みは以前から世の中では言われていたものですが、最近になって急速にクローズアップされてきた取組みです。このようなことを知識として知っているのか、知らないのかで論作文では大きく差がついてしまいます。何も難しい政策論を展開しろと言っているのではなく、新聞やニュースで話題になっていて、誰でもある程度知っていることを自分の考えとして書ければ十分です。ですから、日頃から新聞やニュースなどで情報収集をするように心がけてください。新聞やニュースを見る意義は何も択一試験の時事対策だけにあるのではなく、実は論作文対策としても大いに役立ちます。あるいは、典型的な問題に

ついてひな型答案を用意することでも対応することができます。試験に出題されやすいテーマはある程度固定されているので、そのようなテーマについてはご自身で答案をあらかじめ用意しておき（その際は調べながら書く）、それを知識として吐き出せる状態にしておくという方法でも対応することができます。

　次に、「実際の取組み」を膨らませて自分の考えを説得的に論じるためのヒントを教えておきます。これは前で少し触れたのですが、**課題や留意点を探し、答案に反映させることで可能となります**。具体的には、遠隔教育を充実させる際に障壁になる端末整備の問題や、子どものやる気の問題などを課題として答案上示していくということです。そして、それらを解決する方策も述べられるとベストです。例えば、各家庭に端末整備の補助金を支給するとか、オフラインとオンラインを上手く使い分けて、ついていけない子どもに対してきめ細やかなフォローをするとか、自分なりの解決策を提示できれば申し分ないでしょう。ただ、「自分で解決策を考える」とは言っても結局は前提となる知識がある程度なければ示すことができません。したがって、行政の取組みは日々の新聞やニュースなどでこまめにチェックすることをおススメします。

📖 コツ06

エピソードトークは
まとめておく

　実は、論作文では考えを「取組み」で書くことになじまない問題も出題されます。例えば、「あなたがこれまでに力を入れてきたことをあげ、そこで得られたものを警察官としてどのように生かすのか」というような問題です。このような場合は、**具体論として自己のエピソードを使いこなせるように準備しておく必要があります**。ここにエピソードとは、要するに**「経験」**です。本問を読んでみれば一目瞭然でしょう。当たり前ですが「あなたがこれまでに力を入れてきたこと」とは、要はあなたの経験を聞いているわけです。そこでは知識はいりません。その代わり、ご自身の経験のストックを文字化できるように準備をしておく必要があるわけです。これはどちらかと言えば面接カードに書くような内容です。ですから、論作文の対策をすることで、面接カードが書けるようになり、ひいては面接対策にもなるわけです。「頑張ってきた経験」や「失敗した経験」、「チームで何かを成し遂げた経験」などなど。**ご自身の今までに経験してきたことをエピソードとして書けるように万全の準備をしておくことは、とても大切なことです**。ポイントは、そこから学んだことや

身につけたこと、強みや長所などをまとめ、それをどのように仕事に生かしていけるのかを考えることです。ですから、これらを整理するために次に示すようなひな型を用意しておきましょう。

【頑張ってきた経験】
・部活動の経験 → 具体的なエピソード

【学んだこと、身につけたことなど】
・チームワークの大切さ

【生かし方】
・場面は○○ → △△という形で生かす

【失敗した経験】
・飲食店でのアルバイト → 具体的なエピソード

【学んだこと、身につけたことなど】
・相手の立場に立って話を聞くこと

【生かし方】
・場面は□□ → ◆◆という形で生かす

📖 コツ07

接続詞を先決めする
メリット

　文章を書き進める中で意外と大切なのが、接続詞です。これを現場で決めるのとあらかじめ決めておくのでは書きやすさに大きく差が出てきます。あらかじめ決めておく方が現場での無駄な悩みがなくなりますし、安心できると思うのでおススメです。接続詞を上手く使えれば文章の流れを論理的に見せることが可能となりますので、是非実践してみてください。ここでは月並みではありますが、私のよく使う接続詞をご紹介しておきます。例えば、取組みという形で自分の主張を書く際の流れは次の通りになります。

第一に、○○の取組みが必要である。そのためには、
　　　まず、
　　　次に、
　　　さらに、
※それぞれにおいて、なお、もっとも、ただし、などを入れて留意点や補足点を示す

簡単に説明すると、各段落冒頭の抽象的な主張部分は「第一に」「第二に」などという形で端的に示します。**これをすることで段落分けを意識することができるようになりますし、読み手にも全体の主張の数を一瞬で伝えることができるようになります。**そして、その抽象的な取組みを実現するための具体的な取組みを書かなければならないわけですが、複数ある場合は「まず」「次に」「さらに」という並びで書きます。もちろん、具体的な取組みが１つしかない場合は、「具体的には」や「例えば」などで発展させて書けば足りますね。そして、具体的な取組みを示す際にそれぞれにおける留意点や補足点などを示せる部分があれば、それらを「なお」「もっとも」「ただし」という接続詞を付け加えて書くといいでしょう。そうすればより充実した論証になると思います。ただ、これらはあくまでも私のやり方であって、必ずこうしなければならないというわけではありません。要は**ご自身で使いやすいものをあらかじめ用意しておいてもらいたいのです。**実際に論作文を書く練習する際にご自身の頭で考え、自分の中で一番しっくりとくるものを選べば十分です。接続詞ひとつで文章の流れを分かりやすくできるわけですから、考えておかない手はないと思いますよ。

📖 コツ08

「生かし方」は具体的場面を想起せよ

　公安系の問題でよくあるのですが、経験を書かせた後にそこから学んだことをどのような場面で生かせるのかを問うものがあります。この類の問題でよく見かけるのが、**生かし方が抽象的になってしまっている答案**です。経験は非常によく書けていて、そこからの学びも説得的なのに、なぜか生かし方が抽象的になってしまっているのです。**その原因は生かせる場面を認識できていないことにあります。**ただ、その気持ちは分からなくもありません。なぜなら、皆さんは受験生の身であり、まだ職務上生かせる場面を具体的に想起できないからです。採点官も皆さんが現場の職務に就いている公務員ではないということを前提に出題しているわけですから、バシッと生かせる職務をピンポイントで明示しろ、ということまでは求めていません。したがって、できる限り想像して具体的に書くことができればそれで OK です。警察官であればパトロールをする際、犯人を検挙する際、住民に対して普及啓発をする際、消防官であれば、人命救助の際、日ごろの訓練の際など、誰もが思い浮かぶような場面をしっかりと明示することで足ります。

このように、場面をある程度知っておかないと生かし方が書けないということにもなりますので、**できれば職務内容をあらかじめ調べておくといいと思います**。職務内容を把握しておくことで、生かす場面をより具体的に示すことが可能となります。例えば、警察官(警視庁）の職務内容を抜粋すると、次のようになります。

１．地域警察
パトロールや巡回連絡といった防犯活動、職務質問による犯罪検挙、事件・事故発生時の初動警察活動、地理案内や遺失届・拾得物の受理、相談対応など

２．交通警察
スピード違反や飲酒運転といった交通違反の指導取締りや交通事故・事件の捜査、交通安全教育による交通安全意識の浸透、交通管制など

３．警備警察
国内外の要人の警衛警護をはじめ、機動隊によるデモの整理などの治安警備、各種大会など大きなイベントでの雑踏警備、災害時における被災者の避難誘導や救助活動など

４．刑事警察
殺人や強盗などの強行犯捜査、詐欺や横領などの知能犯捜査、空き巣やひったくりなどの盗犯捜査、証拠資料を収集する鑑識など

５．組織犯罪対策
暴力団や外国人犯罪組織、銃器・薬物の密輸・密売グループなどの犯罪組織の実態解明

６．生活安全警察
振り込め詐欺やひったくり、痴漢などの犯罪に対する防犯対策、困りごとなどの生活安全相談、少年の非行防止や健全育成など

警視庁 HP を参照して作成
▶ https://www.keishicho.metro.tokyo.jp/saiyo/2020/type/

そして、あとは学んだこととのミスマッチを防げれば問題ないでしょう。学んだことがチームワークの大切さであれば、生かす場面を個人で行うパトロールとするのではおかしいですよね。やはり犯罪捜査や人命救助の場面で生かしてもらいたいですね。

第 3 章

論作文対策、よくある
質問にお答えします！

ここでは、私が日ごろ受験生からよく受ける質問に答えてみようと思う。結構深いことを言っているので読みとばさないで目を通してもらいたいね。

論作文 Q&A

論作文対策はいつからすればいいの？

　毎年の受験生を見ている感じからすると、**大体年明けくらいから ちらほらと意識する人が多い**です。それまでは筆記試験勉強に追われていて手につかない受験生が多いというのが実情なのでしょうが、これでは少し危ういですね……。というのも、**論作文はいきなり上手になるといったことが起こりにくいから**です。つまり、上達するまでに時間がかかる科目です。私の言葉で言うと、論作文はいわば**「気づきの学習」**により徐々に実力が伸びていきます。この「気づきの学習」とは、実際に本を読んだり、答案構成を書いたり、はたまた答案を一通書いたりする中でさまざまなことに気づき、テクニカルな部分が自然と磨き上げられていくという過程です。つまり、論作文のスキルの習得は経験に依存する部分が多いのです。例えば、自分ではよく書けていると思っても、他者が見ると全然書けていない……ということがしばしば起こるのが論作文です。**これは主観と客観がズレている証拠です。**このような場合には他者に指摘されて

初めて自分の欠点を知ることができます。このように、さまざまな気づきの中で論作文は上手になっていくので、どうしても時間がかかってしまいます。ですから、**早めに着手するのがベスト**です。最近の予備校や学内講座は秋口に論作文の講義を設定するようになってきました。年内に一度書かせるという方針からくるものと思われますが、これは正解ですね。論作文の特徴からすれば、早めに意識づけをしておくことが大切になります。是非皆さんも早め着手を心がけましょう。

Q2 論作文ができるようになるまでの
ステップを教えてほしい。

　この質問は受験生から一番多くいただくものです。簡単に流れを説明すると、まずは①本書を読んで論作文一般の知識や答案構成の仕方を学ぶ、②実際に答案構成をしてみる、③答案を何通か書いてみる、④模試で演習する、という流れが一般的です。ここからわかるのは、**本書で学べることは入り口の①の部分**だということです。しかし、この①の過程が分からない受験生が非常に多いのです。**①を飛ばして③や④から入ると、とてつもなく痛い目にあいます**。これは毎年の受験生を見ていて思うことです。その段階で自分のヤバさに気づいて、書店で本を買う……という運びになるわけです。しかし、それでは間に合いません。できれば早い時期に①を済ませ、②③の過程に時間をかけたいところです。特に②で答案構成をたく

さん練習するといいと思いますよ。②をやや詳しくして「ひな型」を作っておくのも手です。答案構成ノートを自作し、そこに随時知識を書き足していくというのが通常の受験生のやり方だからです。**特に公安系を受ける人は出題パターンが決まっていますので、是非「ひな型」を用意しておくことをおススメします**。ただ、一つ注意点を言っておくと、答案構成ノートなどを作る際に、**他者の目を通すことを心がけてください**。客観的な視点から学べることも多く、それは大抵自分では気づき得ないからです。専門の講師などに見てもらうのがベストですが、志を同じくする受験生同士で答案構成のチェックをしあうのでも構いません。

　④の模試での演習ですが、これは最後の方で一度経験しておくといいでしょう（できれば複数回経験するのがベスト）。模試のメリットは、同じ場所、同じ時間、同じ採点基準のもとで同じ問題を解ける数少ないチャンスである点です。つまり、他の人と同じ条件下で答案を書き上げなければならないので、**真の自分の実力が試されることになるのです**。客観的に自分の位置を把握できる機会でもあるので、非常に学ぶものが多くあると思います。そして、これを経験しているか否かで、**本番のリスクマネジメント能力に差が出ます**。合格者によっては「模試は不要」と言い切る人もいるでしょうが、できれば受験しておきたいところです。実際、模試で出題されたテーマがそのまま本試験で出題されるなんてこともままありますよ。

同じことを書いているのに点数に差が出るのはなぜ？

　これも受験生から受ける質問のうち上位に位置付けられます。主な理由は２つあります。

　まず、同じ内容を書いていても問いの指定にあわせられていない答案は点数がつきません。いわゆる「論点ずれ」というやつです。これは一番の減点要因になりますので注意しましょう。問いからずれないようにするためには、答案構成の段階で問いに答える姿勢を意識することです。例えば、「○○についての背景を述べ、……」という問いなのに「○○の問題点は……」と書き始めたら問いに答えたことにはなりませんね。このようなミスは結構多くの方がやってしまいがちです。メインで聞いていることにしっかりと解答を合わせていくのは基本中の基本なので、これができない人は内容云々の前に指示に従えない人というレッテルを貼られてしまいます。

　次に、文章破綻の数です。これも印象がとても悪いですね……。そもそも内容云々の前に文章をしっかりと論理的に書きましょうよ……という話になってしまいます。ただ、これは気づきの作業で修正可能です。例えば、私はよく受験生から添削依頼を受けた答案について文章破綻の指摘をします。そうすると受験生はそれを直してもう一度私のところに持ってくるわけですが、２度目はちゃんと直っているケースがほとんどです。つまり、受験生は単に自分で気づいていないだけで、他者に一度指摘されれば直すことはできるわ

けです。このように、気づきの機会を得られるようにすることが文章破綻を防ぐ（自分で気づける）一番の特効薬です。

Q4 減点される順番ってあるの？

　はっきりとしたものは採点基準によるので何とも言えませんが、致命傷になりやすい順番であればお答えすることが可能です。まず、一発アウトになる可能性が高いのは、**字数不足です**。「○○字程度」という指定の場合はもちろん「△△字以内」という指定の場合も、おおむね８割程度は埋まっていなければ危険です。ただ、６割、７割程度しか書けなかった……というケースでも合格していることはあります。しかし、成績開示などをした際に、論作文の点数がついていない人のほとんどが字数不足です。ですから、最低８割は埋めるつもりで一発アウトの「可能性」だけは排除しておく必要があります。なお、**緊急避難的な予防策は、最後に「まとめ」を簡単に書くと思いますが、そこで字数調整をするというやり方です**。しかし、これはあくまでも緊急避難的な事故予防なので、内容を充実させることで字数指定の壁を突破することが安全策となります。

例えば、少子化対策の問題が出たとして、○○市の「△△実行プラン」というものを答案に書いたとしましょう。**これは自分の主張を支える根拠として書いたのであれば加点となるでしょうが、知識をひけらかすために書いたのであれば点数は乗らないでしょう。**つまり、政策をあげること自体にそれ以上の意味はありません。何を目的として書いたのかで点数がつくか否かは決まります。ですから、自分の主張が正しい方向性のものであることを示す目的で紹介したのであれば、点数はつくと思います。ご自身の受験先の実際の取組みを書いているわけなので、「ダメだ」という理由はありません。しかし、書かないと減点という話でもありません。なぜなら、自分の主張を根拠づけるための手段は、政策をあげること以外にもたくさんあるからです。例えば、一番単純なものとしては、あなたがそう主張する理由を書くというやり方があります。これは誰でも思いつく書き方だと思いますが、これでも根拠づけとしては十分ですよね。

　まとめると、政策は自分の主張を根拠づけるために書くと加点になりますが、単に自分の知識をひけらかす方ためだけに書くと点数がつきません。逆に政策は書かなくても減点されることはありません。ほかの手段で自分の主張を根拠づけられればそれで OK です。もし、あなたが政策を書くのであれば、**単なる政策紹介になっていないかをちゃんと吟味してくださいね。**書く目的をわきまえないと、

政策を書くという行動がまったく意味のない行動になってしまうことにもなりかねませんので。

Q6 「型にはめて書くな」「オリジナリティを出せ」と言われても、どうすればいいか分かりません。

　まず、前者の「型にはめて書くな」という指摘ですが、**これはあまり的を射ていないと思います**。型とは要するに論作文の「構成」を意味するわけですから、読みやすさを意識して構成を書いたにもかかわらず、それを否定されるというのはよく理解できません。しかし、実際このようなことを言われている人は結構います。もし指摘した人の肩を持つとすれば、確かに構成を意識するあまり、文章に流れがなくなっている論作文を見かけることがあります。杓子定規に型にはめ込みすぎて、いまいち問題文と論述の流れが合っていないというケースもあります。解決策としては、やはり構成は固定こそすれど柔軟に対応できるようにある程度あそびを持たせておくのがいいと思います。つまり、**設問に応じて構成を若干変えていく**ということです。「必ずこうしなければならない」という頭で考えてしまうと、どうしてもそれに固執するあまり、無理やり当てはめようとしてしまうものです。

　次に、後者の「オリジナリティを出せ」という主張も賛否両論ではありますが、**私は合格するためだけならオリジナリティは不要と考えます**。もちろん、オリジナリティあふれる構成や主張は基礎が

しっかりとできている人であれば光ります。加点になるでしょう。しかし、基礎ができていない人がオリジナリティだけを追求してしまうととんだ「勘違い」に映ってしまいます。私は役者をしていましたので演技の例で言うと「実力のある俳優がするアドリブだからこそ価値がある」わけですね。そして、公務員試験はみんなと同じことができれば受かるという特質がある以上、そこまで加点を狙う必要はありません。ですから、**基礎を徹底して鍛えることで合格レベルには十分に達します**。とすれば、皆さんがやるべきことは「誰もが思い浮かぶような当たり前の内容を見やすい構成でちゃんと採点官に伝える」ということにつきます。皆さんは非凡でも一枚看板でも、はたまた逸物である必要もありません。誤解を恐れずにいうと、ただただ常識の備わった凡人であればいいのです。

Q7 論作文を実際に書くのは何通がベストですか？

　書けば書くほど気づきが多くなるのが論作文。気づきが多い人ほどよい文章を書けるようになります。これは間違いありません。最初は量を書くことができないと悩み、次に内容に深みがないと悩む、最後には指定字数に収めることができないと悩みます。このように、**実際に論作文の答案を書き続けることで、ご自身の抱える悩みがだんだんと高度になっていくわけです**。したがって、「何通がベスト」という回答はできませんが、少なくとも伸びきったところで試験日

を迎えられるよう計画的に書く訓練を行うべきでしょう。確かに、知識をインプットするためには構成を書く練習をしておけば十分ですが、**文章能力を伸ばすためにはやはり実際に答案を書いてみることが必要ですね**。あえて通数を言うのであれば**最低5通**と答えます。早い人であれば、最初の3通くらいまでである程度ノウハウをつかめると思います。そして4〜5通目でより完璧（高み）を目指すというイメージです。意外かもしれませんが、私は筆記試験よりも論作文の方が着実に力を伸ばすことができると考えています。なぜなら、**経験で学べる科目だからです**。大量の知識をコツコツと身につけていかなければならないのが筆記試験であるとすると、論作文は少ない知識を活用して文章を書くという「経験」で学んでいく科目です。その際多少の知識は必要になりますが、それはたかだか典型テーマ10個分くらいの知識で足ります。経験を通じて知識は血肉化されていくので、一度経験すればその知識も自ずと忘れづらくなります。これが最大のメリットでしょう。時間はかかるかもしれませんが、着実に実を結ぶのが論作文だと思ってください。範囲が膨大でマスターすべき射程が定かでない筆記試験と比べると、文章を書けるようになっておきさえすれば点数がもらえる論作文はとてもおいしい科目だと思います。

　なお、一度マスターしたら、あとは定期的にメンテナンスをすれば十分です。修行のように1週間に2〜3通ペースで書き続ける人もいますが、それは不要だと思います。感覚が鈍らないようにするために、**多くても2〜3週間に1通書く、という感じで構いません**。

未知の問題が出てきたら書ける自信がありません。

　まず、対策をしている皆さんにとって未知な問題はほとんどの受験生にとっても未知な問題です。その場合には構成をしっかりと書くことと、最低限の内容を何か書いて字数を埋めることを意識しましょう。構成は問題文の指示にしたがって自分のものを当てはめてもらえばいいと思いますが、問題は内容ですよね。その時のヒントとなるのが次の３つのパターンです。この３つのパターンを知っているだけで何か書けるはずです。では具体的にお話ししましょう。まずは「自助、共助、公助」で考えるパターンです。市役所の論作文や公安系の論作文ではおそらくこのパターンが一番使いやすいでしょう。自助の取組みを優先的に考え、それを補うものとして共助の取組みを考えます。そして、最後にこの２つでもどうにもならない時に公助の取組みが機能します。ですから、順番的にもこの流れで考えていくといいでしょう。あるいは、自助と共助に対する働きかけという位置づけで公助を考えるのでも構いません。この場合は自助に対する公助、共助に対する公助というイメージで取組みを考えることになります。次に、「事前、事後」という時系列でできる取組みを考えていくパターンもあり得ます。本書の「テーマ 02 自然災害」のような災害対策などでは使いやすいですね。つまり、いかに災害に対する備えを徹底するかという視点と、いざ災害が発生した際の事後的な対策に分けて書く、といったイメージになります。最

後に「ハードとソフト」という視点で取組みを考えていくのもあり
です。ただ、これは何がハードで何がソフトなのかをご自身で明確
に振り分ける力が必要になりますので、ちょっとレベルは高くなり
ます。このようなパターンを知っているだけも内容を考える際のヒ
ントにはなりますよね。現場で考えなければならない応用問題が出
題された際には是非このようなことを参考にしてみてください。

Q9 抽象的な論述しかできなくて困って
います……。

　抽象的な論述はなるべく避けた方がいいですね。そもそも論作文
の基本が抽象→具体です。ですから、ある程度具体論に落とし込む
ことは必要となります。具体論が書けないということは、行政事務
あるいは公安職の仕事についての理解に欠けているという証拠だと
思いますので、最初はご自身で調べながら書く癖をつけましょう。
その姿勢を続けていくと、体に知識が染みついてきますので、どん
な問題が出されてもある程度具体的に書けるようになります。行政
事務であれば、受験する自治体の取組みを調べましょう。一方、公
安職であれば、職務内容を調べるといいと思います。その際、ご自
身が興味を持っている、あるいは目指している部署を想定して検索
をかけるといいですよ。特に公安系の論作文の場合は、出題パター
ンが固定されているので、一度調べて書いたネタがほかでも使いま
わせることが多く、コスパ的にもいいと思います。

Q10 そのほかに気を付けた方がいいＮＧ行動は ありますか？

　ＮＧ行動はあげるときりがないので、ここでは私が今までたくさん の受験生を指導してきて感じたことをまとめていきたいと思います。 ここであげる行動は減点要因になり得ますので、避けた方がいいと 思いますよ。ご参考までに。

①構成のバランスが悪い

　これは何度言っても直らない人がいるのでリマインドです。大体、 構成のバランスが崩れてくるポイントは初段落にあります。ここを 書きすぎている人が多く見られるわけです。何を問われ、どこに配 点が振られているのかを意識するようにすれば、バランスの崩れを 防ぐことができるでしょう。

②現状・現況で引用したデータが古い

　統計やデータをあげる際には、必ず最新のものかどうかをチェッ クしましょう。あまりにも古いものだと読み手に違和感を与えてし まうことがあります。即減点になるわけでないと思いますが、少な くとも採点官に違和感を与えることは避けるべきです。また、デー タを引用しすぎるのもイメージがよくありません。データとしては 核となるものが１～２つ引用されていれば十分です。これも統計や データを引用する意義を考えれば自ずと理解できると思います。

③用語の説明を省略しない

これは結構見られる例ですね。**特にテクニカルワード（専門用語）を使うときには、簡単でいいのでその中身を書くようにしましょう。** そうでなければ最悪読み手に伝わらないこともあります。また、たとえ伝わったとしても印象はあまりよくないと思います。論作文は人に自分の考えを伝えるものであるため、なるべく丁寧に書くように心がけましょう。

④目的語を省略しない姿勢を大切にする

人は口頭で話す際に、「省略」表現をすることがあります。例えば、「相手の気持ちに寄り添って行いたいですね」という表現をしたとしましょう。この表現は「何を」行うのかが説明されていないので、意味が通らないわけですが、口頭の表現だと容易に成立してしまいます。ニュアンスで伝わるからですね。おそらく前の文章の流れから何を行うかは推測できるわけです。しかし、文章でそうはいきません。省略するとたちまち読み手に伝わらなくなってしまいます。**とにかく「当たり前だなー」と思ったことでもしっかり説明することが大切です。**「分かってくれるだろう」や「理解してもらえるだろう」などという甘い考えは禁物です。

⑤かっこいい表現で失敗する

自分をよく見せようとする行為自体は悪いことではありませんが、論作文の場合はそれがあだとなることが結構あります。普通に書いておけばいいところをカッコつけることで、文章が破綻したり、言

いたいことが伝わらなくなったりするケースがあります。気持ちは理解できるので、もし「伝わらないかもなぁ」と思ったら、「つまり」「すなわち」などといった接続詞でフォローを入れてください。「2度言うと伝わる」ことがあるからです。オリジナルの表現を読み手に伝える時にはこれを試してみるといいでしょう。

⑥すべてを具体的に書こうとしてくどい

　具体的に書く姿勢が伝わる答案は通常は好印象に映るはずですが、すべてを具体的に書くとくどくなります。やはりバランスを失わないように、ご自身で「ここは具体的に書く部分だな」「ここはサラッとでいいだろう」という判断をするように心がけましょう。メリハリをつけて書いてもらいたいということです。この見極め（嗅覚）が備わってくると合格間近と言えそうです。

⑦「思う」「考える」「だろう」の乱発禁止

　「思う」「考える」を使ってはいけない、と指導する方もいらっしゃいますが、**必ずしも使ってはダメ、というわけではありません。**しかし、少なくとも乱発は避けるべきでしょう。言い切るべきところは「〜するべきである」「〜だ」などの表現を使って説得力を持たせるといいと思います。**要するに、場面をわきまえて使うようにしましょう、ということです。**また、「だろう」という推測表現も乱発には注意です。乱発すると「無責任」「いい加減」に見えてしまいます。したがって、文意から見て断定できない場面で使うようにしましょう。「ここは言い切りの場面だ」と判断したところでは「だろう」を

使わずに断定表現を使いましょう。

⑧主張の繰り返しに注意

　違う段落で同じことを何度も繰り返してしまうパターンがこれに該当します。主張の重複と判断されてしまうとあまり印象がよくありませんし、点数もつきません。**なるべく切り口を変えて書くことが大切です**。例えば、公安系の論作文で、やりたいことを書く場面を想定すると、1つは、「地域密着型の警察官になるため、地元の住民とのコミュニケーションを大切にしていきたい」と一般論を書き、もう1つは自分の志望先である「麻薬犯罪捜査課で、薬物犯罪の撲滅に貢献していきたい」と書くと重複しませんね。このように、切り口をガラッと変えることを意識しましょう。

Staff

編集
堀越美紀子

ブックデザイン・カバーデザイン
越郷拓也

イラスト
YAGI

編集協力・校正
髙橋奈央

エクシア出版の正誤情報は、こちらに掲載しております。

https://exia-pub.co.jp/

未確認の誤植を発見された場合は、下記までご一報ください。

info@exia-pub.co.jp

ご協力お願いいたします。

※本書に記載されている施策名等は、2020年10月現在のものです。

著者プロフィール

寺本康之

埼玉県立春日部高等学校卒業、青山学院大学文学部
フランス文学科卒業、青山学院大学大学院法学研究
科中退。全国の学内講座で講師を務める。大学院生の
ころから講師をはじめ、現在は法律科目（憲法、民法、
行政法など）や行政科目、社会科学、人文科学、小論
文、面接指導など幅広く講義を担当している。

寺本康之の論作文バイブル

2020年12月4日　初版第1刷発行

著　者：寺本康之
　　　　©Yasuyuki Teramoto 2020 Printed in Japan

発行者：畑中敦子

発行所：株式会社 エクシア出版
　　　　〒101-0031　東京都千代田区東神田2-10-9-8F

印刷・製本：モリモト印刷株式会社

ISBN 978-4-908804-59-5　C1030